识干家

企業閱讀　學以致用

年初订计划 年尾有结果

战略落地七步成诗

郭晓◎著

中华工商联合出版社

图书在版编目（CIP）数据

年初订计划，年尾有结果：战略落地七步成诗/郭晓著．—北京：中华工商联合出版社，2015.4

ISBN 978-7-5158-1232-8

Ⅰ.①年… Ⅱ.①郭… Ⅲ.①企业战略－战略管理 Ⅳ.①F272

中国版本图书馆 CIP 数据核字（2015）第 047013 号

年初订计划，年尾有结果：战略落地七步成诗

作　　者：郭　晓
责任编辑：于建廷　臧赞杰
责任审读：郭敬梅
封面设计：久品轩设计
责任印制：迈致红
出版发行：中华工商联合出版社有限责任公司
印　　刷：三河市文阁印刷有限公司
版　　次：2015 年 5 月第 1 版
印　　次：2015 年 5 月第 1 次印刷
开　　本：787mm×1092mm　1/16
字　　数：200 千字
印　　张：14
书　　号：ISBN 978-7-5158-1232-8
定　　价：58.00 元

服务热线：010－58301130
团购热线：010－58302813
地址邮编：北京市西城区西环广场 A 座 19－20 层，100044
http：//www.chgslcbs.cn
E-mail：cicap1202@sina.com（营销中心）
E-mail：gslzbs@sina.com（总编室）

工商联版图书

博瑞森图书：企业阅读　本土实践

亲爱的读者朋友：

也许您是博瑞森图书的老读者，也许是新朋友，欢迎您阅读博瑞森图书！

当今中国，各行各业都存在着转型升级的压力与机遇。博瑞森图书与您一同应对转型挑战并发现其带来的机遇。

我们一直在问：什么样的书能为您解决管理难题并带来启发？

我们一直在找：哪些作品能帮助企业从跟随到领先？

我们一直在做：把最好的作品以最便捷的方式呈现给您，纸质版、电子版、书摘邮件、微信……

我们策划图书的原则是：

- 企业阅读——与您一样，做水中的游泳者，而非岸上的观众或教练，企业的困惑就是我们的任务。
- 本土实践——与您一样，立足本土环境，追求卓越实践，传播最适合当下中国企业的管理之道。

我们也向所有的企业管理者、管理咨询专家和企业研究者征稿，让更多被实践检验的好思想、好方法迸发出来，为企业助力！（bookgood@126. com 或 QQ：1963328416 或手机号 13611149991，绝非“自费出书”，不向作者收取任何费用）

如果有一天，您把博瑞森图书视为您优秀的事业伙伴、管理助手，我们也就实现了自己的梦想。

博瑞森图书

为什么我们的战略实现不了

很多老板已经认识到战略管理的价值，但由于战略执行的系统性不强，往往是一两年过去了，也没有什么改观，经营的结果也没有多大起色。

为什么我们的企业制定了战略以后，都实现不了？就本人来看，归纳起来大致有以下三种情况。

一、抓了战略、丢了市场

长期与短期、局部与整体往往是矛盾的，因此注定了战略目标与短期业务目标会产生冲突。

例如，很多企业都会面临的品牌整合问题。

有一次，与“王老吉”的内部人员交流时，他们对此感到很头疼，因为冠以“王老吉”品牌的产品，除了各种包装的凉茶，还有一系列的食品和养生产品，林林总总，不下数十个。

这种情况很像十多年前的“青岛啤酒”，后来青岛啤酒明确了“品牌带动下的发展战略”，开始了大张旗鼓的品牌整合，旗下品牌从二三百个整合到现在的“1+3”，品种从一千多个整合到几十个。在初期的操作中，普遍存在抓了战略、丢了市场的情况，例如，在广西市场，经过多次的产品切换，青岛啤酒的销量从20万千升下跌到10万千升以下。

二、有大方向，没有细节来保障

战略实施不仅是大方向不能偏差，在细节上也必须做到位。

例如，A企业确定了进口替代的业务战略，通过学习国外对手，快速推出新产品，逐步实现备件国产化，大幅降低了生产成本。在此基础上，为了缩短从产品研发到投入市场的时间，采取与客户合作的办法，即完成新产品样机后，以较大的折扣取得首个销售合同，在生产、安装、调试过程中实现产品的不断完善。这种研发、生产、销售为一体的创新模式在前几年行业快速增长阶段取得非常不错的市场效果，可以说是非常不错的战略。

但随着行业发展周期和经济周期的变化，国内劳动力成本上升，人民币汇率上升及客户对产品质量要求的提高，A公司产品的价格优势越来越不明显。

更为严重的是，由于产品没有完全成熟就投入市场，需要多批次改良产品，造成客户对产品质量的稳定性，特别是前期稳定性的认可度不高，质量问题又对价格形成抑制，逐渐连基地市场也受到很大冲击。

三、缺少战略落地的方法

我们看到更多的一种情况是：一部分企业出于种种原因，花了精力、花了钱，制定了企业战略，却没有将战略管理运行起来。过去10年，AMT提供咨询服务的企业超过2000家，但真正建立战略管理体系（即有战略管理职能，按战略管理流程进行年度回顾，实现战略、计划、预算、绩效闭环管理）的企业只有10% 左右。

这些都是企业中的常见情形。没有战略管理系统，再好的战略也只是纸上谈兵。青岛啤酒是战略管理非常成功的企业。本人在青岛啤酒的战略体系中经过十多年的锤炼，积累了一些经验。

针对快速成长型企业管理资源不足的客观条件，梳理出简要的战略管理七步法，希望可以帮到大家。

第二章 高层：确立正确的战略意识

第三章 基层：让战略被平凡人理解

第一章
企业为什么需要战略管理

1.1 快速成长型企业的烦恼

一、企业发展为什么存在天花板

一个企业如果能够抓住行业快速成长期的机会，就能够形成一定的规模，掌握一定的技术优势，奠定一定的市场基础，基本上能解决生存问题。

但是，解决了生存问题不等于可以发展下去，随之而来的是更加残酷的竞争。当行业竞争进入淘汰赛，企业家就开始感觉力不从心了，主要表现有：

- 企业的年度增长目标难以实现，经营指标波动大，甚至恶化。
- 技术水平和质量水平都在提高，客户的满意度却在下降。
- 员工的心态变了，创业精神少了，核心人才明显不足。
- 销售成了经营的最大问题。

……

对企业的困境，大家都很焦急。有的说是战略问题，有的说是组织结构问题，有的说是机制问题，有的说是文化问题，有的说是人才问题。

大体来说，高层往往认为是人才问题，而中下层则认为是机制问题。

其实，**对问题认识的不一致本身才是企业发展的最大障碍，这就是企业发展的天花板。**

二、为什么销售不稳定、利润在下降

很多老板都是从一线摸爬滚打起来的。老板们都非常关注销售，往往冲在市场一线，成为一个大销售员，对公司业务发展贡献不可谓不大。的确，只要老板目光所及，能关注到企业的方方面面；翻云覆雨，能玩得转全盘生意；谈笑之间，能 hold 得住整个团队，那么，再时尚的管理理念和方法都是多余的。

然而，老板们都有更高的追求，生意会越做越大。随着销售区域的扩大和业务多样化，专业化分工和管理层级增加，老板的管理任务日益繁重，很多管理工作需要他人代劳，经营的冲突开始显现：

- 品种不断增加而单一品种的平均销量下降。
- 库存剧增而缺货现象频发。
- 开发新产品的投入增加而成功率下降。
- 抓了成本控制却发现质量投诉增加。
- 人力成本上升仍解决不了人才短缺问题。

结果是烽烟四起，销售不稳定、盈利能力下降。虽然企业会采取很多应对措施，但是由于问题相互牵扯，加之外部竞争压力不断加大，问题就越变越严重。此时，直觉告诉他，问题就出在销售上！因为，只要销售好了，管理的问题根本不算事，销售不好，依靠管理也解决不了当下的实际问题。但再仔细想一下就会发现，销售方法与过往并没有太大不同，只是人员的创业精神下降了，而对手却进步很快。

显然，销售乏力只是经营不善的结果。看上去销售是瓶颈，但这个瓶颈是多方面因素造成的。

三、销售问题的根源是执行力吗

不敬业的现象让很多老板困惑。

在一次与企业交流中，公司的林老板说："我们公司现在发展的思路很清晰，战略意图很明确，主要是人员的执行力问题，特别是销售的执行力问题。我给你举几个例子。

"一次是我到东北拜访客户，我们到了，而代理商的人员却没有到，只好在客户大门外等了半个小时。后来代理商的人员解释说是堵车。呵呵，我从来不会在我住的城市因堵车迟到，也不会把时间浪费在路上。上班高峰堵车，我就提前出来，下班时间堵车，我就推迟下班。区域经理还说无法控制代理商。为什么我以前做市场不会出现这种情况？因为我会反复地沟通好，帮他们把细节考虑好。如何管理好、调动好代理商，是销售人员的重要工作。

"又有一次，遇到泰国发洪水，我看到了市场机会，让销售团队赶快把业务做到泰国去。他们却说现在洪水还没有退，路还不通。拖了一段时间之后，结果是竞争品牌在那里把市场做起来了，我们就这样失去了进入市场的好机会。

"还有，我到欧洲出差，看到我朋友公司的销售经理用 skype 开远程会议，上午开了，晚上还开。我们的经理为什么做不到这么敬业呢？"

显然，老板对现下销售团队的敬业精神和业务管理现状非常不满，但是这种状况是怎么产生的呢？为什么老板优秀的工作作风难以传承呢？

显然，林老板说的三个例子分别指向了过程管理、目标管理和会议管理，他的公司肯定没有建立相应的管理机制。

四、老板能做到，为什么员工不能

成功的老板都希望下属像他一样工作。

我曾听到一个老板这样叹道："如果公司的员工对工作的投入达到我一半的程度，公司今天的情况就会好得多。"确实，老板的创业史近乎传奇，他们那些艰难创业的故事讲也讲不完。不可否认，是他们的敏锐、刻苦、坚持成就了企业的今天。

管理者能做到，为什么下属做不到？是下属的人品问题吗？我们还可以听到很多管理者发出这样的言论：这个人人品不好，这个人思想意识有问题。

不可否认，人本身会存在问题，但是不能用人员的问题来掩盖管理本身存在的问题。可以说，经营中出现的大量问题并不是人品问题，或者说也不是人员的素质问题。

其实，完全可以从机制上找原因，也就是**"责权利"是否对等和匹配。**

有一家电子商务企业销售部门的任务就是将引入的流量转化为销售收入，但销售部门对流量引入没有决定权。负责引入流量的市场部门则根据销售收入与流量成本之比的 ROI（投资回报率）来控制流量。这样很容易造成恶性循环：销售收入一旦下降，ROI 就下降，市场部门的流量引入就减少，销售部门的目标就无法实现。销售部门为了达成目标，就想到促销，而销促方案由财务部门审批，其审批标准以整体的销售成本率为红线。

这样一来，一旦销售收入下降，促销申请也就无法被批准。这种机制是基于控制而不是基于价值创造，制约了销售部门的创造性。

所以，销售不畅、敬业精神丢失、人员缺乏动力都可以从管理上找到原因。

1.2 企业成长中一直危机四伏

企业与环境的关系可以从三条曲线来看。

一、经济波动曲线

经济波动是经济学家研究的对象，只要关注新闻，就会发现有很多消息说这个危机那个危机；股市是升了又跌，跌了又升，经济也是冷了又热，热了又冷。

这些危机如何在各个产业、各个行业中传导，均有一定的客观规律，**一般是从下游向上游传导。**

例如经济复苏，人们手里的钱多了，消费也逐渐活跃，服装需求旺盛起来，布匹的需求就变大。纤维生产企业由于生产周期长，就可能形成供不应求的局面，可能出现价格飞涨，同时织布厂对织布机、整染设备的需求也增加，于是纺织机械制造企业就加快扩大产能。由于链条很长，从经济复苏到机械制造业增加投资可能有1～2年的时间差。

对于经营者而言，心中一定要有这条经济波动曲线，即使不太准确，大体上也要有个预判，才能乘上经济周期的东风。有大成就的企业家都能较好地把握这个周期，顺势而行。李嘉诚就是这方面的佼佼者，别人热炒房地产时，他出货。只要抓住一两次机会，就能够打下事业基础，但如果无法踏准经济的节拍，最终经营也难免陷入被动。

二、行业发展的生命周期曲线

经济周期是天时，行业周期就是地利。

一般而言，行业的发展经历四个阶段：幼稚期、成长期、成熟期和衰退期。

（1）**幼稚期**也可看作培育期，这个阶段可长可短，长的可能几年乃至几十年。一个行业的发育，有自身的因素，也有环境的因素。

如电视机行业的发展，不仅是电视机的生产技术，还有电视信号的发射技术、发射覆盖情况、节目内容的丰富、消费能力的提高等，都在相互影响。

还有政府政策的导向作用，特别是处于经济转型期，政策导向作用更加明显。西部大开发中的产业升级、基础建设提速催生了很多行业，未来的宽带覆盖、发展海洋经济也会催生很多行业。

（2）**成长期**有时来得特别猛，行业增长会以10%甚至于翻番的速度增长，抓住了时机的企业可能有100%～300%的增长速度。虽然在增长期内增长速度是波动的，但总体上要高于经济的增长速度。

在行业高速成长期，企业头疼的是如何扩张产能、如何抢占市场（地盘），迅速形成规模。对于企业来说，能否很好地把握机遇期至关重要，只有积累了一定的规模基础，才具有在成熟期全方位竞争的体量基础。

（3）**成熟期**行业仍保持一定的增长，企业的内涵式增长速度已经不能满足企业家快速增长的需要，通过并购实现扩张就成为常用的手段。对于没有资金实力、没有细分市场掌控能力的企业，很难在这个时期挺下去。在这个恶性竞争时期，行业利润率会变得很低，甚至越来越低，大量企业和品牌消失在所难免。经过整合，市场被巨头瓜分，行业利润又回到较高的水平。

做大不一定能笑到最后，但太小则往往会举步维艰。**成熟期的特点就是进入行业整合，一是企业大吃小，二是资本进来摘桃子。**

（4）**衰退期**的行业进入负增长，有的是产品被替代，有的是面临转型或消失。

对于企业老板来说，对行业发展的轨迹和所处的阶段要心中有数：

（1）幼稚期要敏感，适时进入。

（2）成长期要发力，抓住机遇。

（3）成熟期要灵通，懂得整合资源。

正是由于行业生命周期的特点，很多企业家通过产业多元化来实现企业的持续增长。

三、企业自身发展的生命周期曲线

天时和地利是外部环境，你能看到，别人也能看到，如果没有自身能力的发展，也只有羡慕别人的份。

企业生命周期的理论很丰富，这里不赘述。简单而言，也是四个阶段：初创期、成长期、成熟期和衰退期。

（1）**初创期，**领导人的个人能力非常重要，主要是他的前瞻力和人格魅力。

（2）**成长期，**在此阶段，团队管理能力最重要，通过规范化、专业化和系统化来形成组织的执行力，来提高组织的大规模运作效率。

（3）**成熟期**，在此阶段，重要的是供应链掌控能力和管理能力，以标准化、信息化实现跨组织协同，形成跨组织的价值创造系统。

（4）企业要避免进入**衰退期**，就要实现组织的系统突破，形成组织的系统管理能力，使企业进入真正的成熟期。

成功的企业有能力跨越企业发展的生命周期，既懂得顺应经济周期的天时，又善于把握行业发展周期的地利，更获得有组织化运作能力的人和，这样可持续发展就尽在掌握之中。

从图 1－1 可以看到，三条线的上升区域重叠时，企业就把握住了极佳的发展机会，一举奠定行业地位。

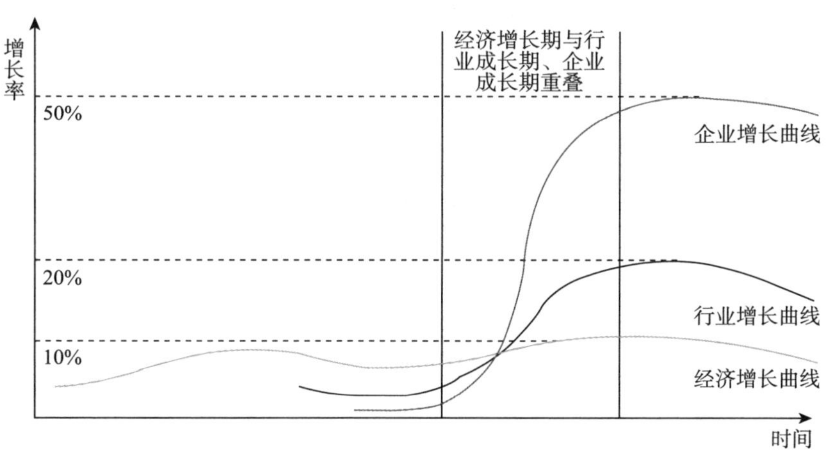

图 1－1　企业的“天时、地利、人和”

如果在行业的成熟期才进入，靠内涵式发展是很困难的。

如果在行业的快速成长期没有形成团队能力和规范化管理能力，就很难实现业务的快速复制。

如果在企业的初创阶段资金投入过大，而市场还没有发育，则投入产出效率又会很低，实力不够的话恐怕又扛不过去。

如果行业已经进入整合阶段，企业的运营能力没有提升，也难以与日益强大的竞争对手进行全方位的竞争。

总之，企业成长的过程危机四伏，唯有好好把握“天时、地利、人和”者可以胜出。

1.3 抛开“人不行”，从自身管理上找找原因

谈企业发展困惑，首先要从认同管理的价值开始。

中国传统的管理思想有泛伦理化的毛病，将管理中出现的问题都与伦理问题挂上钩，试图以伦理教化来解决管理中的一切问题，导致企业管理水平长期得不到提升。

不可否认，伦理道德的教育可以激发人的主观能动性、规范人的行为、统一组织的意志，在一定程度上增强组织的战斗力。但是，在社会向前发展，多文化交融、知识大爆炸、创新加快的今天，如何构建一个开放、大规模的组织系统，更需要我们在组织的结构设计、机制优化和管理方式上发现效率空间。

一个管理者如果只从人品评价人，实在是管理上的无知，也是放弃了从管理本身解决问题的努力。

从另外一个角度看，虽然很多老板非常认可管理的价值，但只是停留在对人员和资源的控制上，认为企业经营的困境是由于对各级管控不到位造成的。可是，员工敬业精神不够是不是可以通过加强管控来解决呢？如果是，为什么林老板不去严加管控，迅速整改，反倒被这些问题困惑多年呢？下面让我们来帮他分析一下。

一、老板遇到的问题根在什么地方

表层的问题大家都能看到，容易被化解，但还有一些不易察觉的因素在起作用，必须分析出来，才能采取相应的措施。

（一）为什么老板文化没有传承下来

文化不是虚的，就本质而言，文化是共同价值观和思维方

式。老板文化没有传承，也就是老板的价值观得不到认同，没有引起共鸣。

那么，什么样的价值观才能打动员工呢？为什么当企业发展到一定程度之后，与公司荣辱与共的文化就会变淡呢？原因很多，但归结为一点，就是**“人是环境的产物”**。

文化的第一个重点内容是共同价值观，也就是文化所倡导的正能量。共同价值观有三重境界：

第一重境界是员工的利益与公司的利益一致，员工为了自己把公司的活干好。公司能够准确评估每位员工的价值贡献，分配公平合理，员工能看得到公司的发展前景，认可公司的大政方针和经营策略，得到应有的人性关怀。这种情况下，员工会恪尽职守，努力工作。

第二重境界是员工和老板一起干，有主人翁的感觉。在员工眼里，老板是榜样、导师和教练，感到跟着老板干，事业有发展、能力在提升，自己以后也会成为老板。于是工作有激情，不计较得失，累并快乐着。

第三重境界是公司为员工的发展搭建了一个很好的平台。每个人都知道自己的责任、价值和发展方向，知道自己的付出必有回报，对未来充满信心，不待扬鞭自奋蹄，你不让他干他还会有意见。所以企业文化要解决的是让员工对未来认识清晰，责任明确、知道并认同付出与收获的关系，得到关怀和帮助，并形成公平、公正的内部竞争机制。

文化的第二个重点内容是思维方式，也就是思维逻辑关系的建立，关注的是每个人的内心。

比如，是先付出还是先谈好报酬再考虑付出，是先让客户满意还是先让领导满意，是先考虑长远还是先满足当下。

那些挂在墙上不能让员工有切身感受的文化是蒙不了人的，因为谁也不是傻子。无论是领导、上级的言行，还是周遭流行的潜规则，大家都看得一清二楚。如果文化不好，其根源一定在一把手身上。

所以说，文化没有传承，如果不是文化本身的问题，就是缺乏文化管理。

（二）为什么销售业绩上不去

从经营分析来看，各项指标都与销售有关，但销售的表现却与很多因素有关。从根上说，就是产品和服务未能满足客户的性价比需求和未能在竞争中战胜对手。

产品的性价比与**供应链的效率和效益**有关，而能否在市场上战胜对手，与**公司的品牌影响力**和**销售团队的能力**有关。

由此看来，三个要素中已经有两个不是销售团队所能左右的。

再看销售团队的能力，一是团队的协同水平，二是销售人员的个人作为。前者与系统的结构和运行规则有关，而一个销售人员能否有作为，一看态度，二看能力。态度又分两种情况，一是不积极，知可为而不为；二是不认同，认为公司要求做的事情没有意义，对销售业绩没有贡献。

不积极属个人问题，而对公司的要求不认同则与企业的宣导和上下沟通有关。

至于能力，一是看基础，二是看肯不肯学习，或者说是看其有没有学习能力。不肯学习归到态度上，能力基础差和学习能力差是人力资源部门招聘时把关不严的问题。

由此看来，销售业绩不好，能归到销售人员个人身上的原因

并不多。所以企业的销售问题是综合问题的体现，简单地拿销售员来开刀未必能解决。如果真是换人和加大激励就能解决问题，就不会有那么多企业受困于销售了。

二、如何从根本上改变经营的被动局面

文化不能传承，态度的问题如何解决？换人不能见效，销售能力如何提升？谁来统一公司上下的思维模式？谁来明确员工的岗位价值和工作职责？根据什么来公平评价员工的价值贡献？凭什么来建立核心人员的能力模型？所有这些都指向了公司的战略规划和战略管理。那么，战略管理又是谁的责任呢？

（一）回归老板的角色

很多老板都是从一线打拼起来的，但是，当企业发展起来之后，老板的观念、思维应该从操作层面提升到战略层面。如果没有这一步跨越，老板就成为企业发展的天花板。

让我们看一看中国传统的哲学，其中蕴含着丰富的战略思想。

《易经》讲述的是中国古代朴素的哲学思想和宇宙观，以二分法对事物进行分析和解剖，古今圣贤和欲成大事者，都深入学习和研究它。《系辞上》有一段关于《易经》内容的经典提炼：“生生之谓易，成象之谓乾，效法之谓坤，极数知来之谓占，通变之谓事，阴阳不测之谓神。”

直白的解释为：易学是一门关于成就生生不息事业、实现可持续发展的学问。乾为君，坤为臣，用在企业中，乾为老板、为

决策层，坤则为执行层。

做老板的职责就是描绘成功的前景，激励下属为之奋斗。而执行层就是按老板指导的方向，用最有效的方法把事情做好。

“占”就是用数理的方法，分析和推算未来。我们需要对未发生情况的可能性穷尽地假设和思考，以避免各种可能出现的风险。

在目标和原则确定之后，真正的执行是一种使命必达的创造，一定要在不可预见的困境中懂得变通，这才是成事之道。

如何才算是掌握执行的神韵呢？就是懂得在不同的时间场合灵活运用（阴阳这里指的是时间），掌握具有时间穿透力的方法，持之以恒地努力。

这段文字其实已经清晰地阐述了企业管理者的角色定位、战略与执行的关系，强调战略对风险的关注，提出理性分析的方法，特别是从变通和坚持两个方面对执行的价值和原则做了精确的表述。

因此，作为老板、企业的领导者，要把精力放到战略思考上，而不是钻到操作性事务当中。战略性的工作是领导者的本职工作，你不去思考，不去做，不去做好它，是没有人帮你做的。即使聘请了外脑，那也只是帮你梳理和分析，最多是建议，如果你不认同、团队不认同，不持之以恒为之努力，那也是没有价值的。

西方管理思想进入中国的时间并不长。2000 年以后，才进入繁荣创新时期，企业进行大量的战略管理实践，不断创新战略管理方法，产生一批战略管理成功的企业，如华润、美的、华为、青岛啤酒和格力电器等。

但是，从总体来看，真正运用战略管理的企业很少，还有很多企业尝试战略管理失败。这种在西方国家已经成为常规管理的方法，为什么在中国生根发芽却如此困难？**自然有文化土壤的原因**，因此，观念的转变和对其价值的认识是实现战略管理水平提升的关键。

什么是战略？

从实践的情况看，中国人对军事战略的内涵有比较深的理解，而对于企业战略，则多少有点陌生，理解不到位。事实上，今天很多企业已经将战略管理作为实现可持续发展的工具，在战略管理过程中洞察外部环境变化、构建系统能力、打造竞争优势。这是最早提出“企业战略管理”的伊戈尔·安索夫先生的重大贡献，他“开创性地把对不连续变革、动荡和不确定性的管理转变为工具，并成功地、合适地向世界各国的企业组织进行输送”。也就是说，企业在经营过程中，面对动荡的外部环境、不确定性的经营因素，必须对自身系统进行快速变革，而战略管理正是这样一个有效的、实现持续变革的管理工具。凡成大事的人，必有战略性思维，只不过有些老板只是了然于胸，并未形之于文。

为了把握战略的实质，需要从多个维度来透视。从理论层面看，战略是系统性、前瞻性思考的结果，战略规划过程是多层次、多角度的思考过程，“从企业未来发展的角度来看，战略表现为一种计划（Plan），而从企业过去发展历程的角度来看，战略则表现为一种模式（Pattern）。如果从产业层次来看，战略表现为一种定位（Position）；而从企业层次来看，战略则表现为一种观念（Perspective）。此外，战略也表现为企业在竞争中采用的一种计谋（Ploy）”。

就本质而言，战略思想首先产生于企业领导人，并在最高层达成共识，指导企业的发展。当企业小的时候，经营决策和实施中的各个环节和步骤都是由领导者自己来完成，因此战略的构思、实施、回顾、优化都由领导者一个人或几个人组成的领导团队完成了。但是，当企业大了以后，管理循环就受到了时空制约。

孔子说：“言之无文，行之不远。”同样，战略思想和原则，操作的策略和要求，协同的规则和方法，**必须以正式的文本呈现出来，而且反复被宣贯和学习，使得学习战略和理解战略成为一种风气，才能使其得以贯彻和落实**。如果只是停留在口头上，只是高层在谈论所谓的方向和原则，没有载体和管理工具，是不可能落实到业务基层的。

很多老板非常注重管理理念的学习和对实践的思考，对战略管理的价值认识得比较早，甚至于请咨询机构进行完善的战略规划。但是，由于战略执行的系统性不强，往往是一年、两年过去了，企业的运作没有改观，经营的结果也没有多大起色。于是对战略产生怀疑，将问题归咎于团队的执行力不足，并最后将问题归结到人的态度和能力上。事实上，问题的根还是在战略管理上，在于缺少战略执行的保障机制。

战略管理高于战略本身。战略规划是动态的，通常由3～5年的中长期规划和1～3年循环回顾组成，即使战略本身不完善，也可以在年度战略循环中得到调整。执行力不只是人的问题，而是一个系统问题。战略执行力是一个系统能力，需要组织不断地发育、历练，才能打造出来。

联想非常重视执行体系的建设，笔者听说其内部有过这样的口号："决策错了，我们也要把它执行对。"显然，这样一个执行体系是有学习力和创新力的，或者说，是与战略有互动的。

（二）从人才梦中醒来

关于人才问题，中国历来就有求贤若渴的传统，企业老板在遭遇复杂的经营难题时，自然就会想到人才。

有一次，与一家小型集团的董事长交流，当问到为什么集团层面没有建立起相应的管理职能，将分散的资源适当集中，对重叠的功能实现集团化运作时，该董事长的回答是：没有人才。

又有一次，听到一位企业的总经理这样谈到他们的销售人员："我们的客户都是专家型客户，因此需要销售人员对产品和服务有丰富的知识和经验，所幸的是我们这几年没有一个销售人员流失。"但事实上，这家企业的销售已经成为经营的瓶颈，业务多年徘徊不前，难道与销售人员的老化没有一点关系吗？

如何对待人才问题，确实需要进一步思考。

首先，要考虑人才的成本。人才永远是稀缺资源，要获得稀缺资源必须付出高昂的成本，而且外部引进人才还会存在文化冲突的风险。对于这一点，需要企业老板有正确的认识。

其次，将问题归咎于人员的能力仍然是停留在表层。营销大师特劳特在《营销战》一书中明确指出：不要指望凭优秀员工取胜。企业当然需要优秀的员工，但优秀的员工是训练出来的，他们像企业的经营业绩一样，是组织发展的结果。员工能力在什么水平，核心人才如何配备，企业文化是否有战斗力，都需要在战略规划中进行正确评估并提出优化目标，进而作为运营管理的重要内容，在运营过程中提高。所以说，当我们将问题归咎于人员执行力问题时，其实更应该想一想战略规划是不是切合实际，也许经营者事前根本没有将人员因素作为一个重要因素来考虑。

最后，人才也是通过管理来发挥作用的。他不可能像孙大圣一样，拔一根毛就可以吹出风调雨顺，吹出财源滚滚。恰恰相反，人才的最大价值是构建系统、理顺关系、整合资源。

因此，面对经营问题，与其依托高人，倒不如从管理的基本面入手，带领企业二次创业，着手建立战略管理机制，真正实现企业的可持续发展。这就是畅销书作家吉姆·柯林斯在其《基业长青》一书中所提出的经营者从“报时”向“造钟”的转变。

如何才能降低企业对优秀管理人才的依赖呢？可以从两个方面思考：

一是进行设计与执行的分工。组织化运作与单打独斗的主要区别在于，前者是精心设计之后行动，后者是在行动之中思考。

设计是专业化程度很高的工作，通过系统的构建，将更多的专业化人员整合在一起，可以完成非常复杂的规划和设计工作。

执行对人才的需求会有两种情形：在企业初创阶段或业务突破期，需要的是八面玲珑和融会贯通的复合型人才；而在完善的组织系统中，分工比较细，则需要更多的普通操作型人才。

二是进行管理的内部分工。从领导者的管理技能来看，不同层面的领导者需要不同的管理技能。

对于高层领导者，最需要的是战略管理能力，就是保证企业是运行在利润区里边，避免在无利润区中苦斗。

对于中层领导，最重要的职责是校准组织内外各种资源与组织目标的关系，因此最需要的是人际管理能力，做好沟通、协调、激励和冲突处理。

对于基层领导，最重要的职责是保证一件事能够顺利完成，最需要目标管理、项目管理等能力。

认同了战略管理的价值，我们可以讨论如何构建一个简明的战略管理系统，以保证企业的可持续发展。企业要成功，归根结底为两点：**企业家卓越的战略制定能力和企业家精神，成功地实施和执行既定战略的能力。**

换而言之，企业要持续发展，企业家要展现其宏才伟略，实现远大蓝图，是可以通过战略管理来实现的。

1.4 战略落地会碰到什么困难

我们讨论的是问题的解决方法。在企业制定战略之后，在战略落地中会碰到什么问题呢？每个曾经引入战略管理的企业碰到的问题都不一样，但从结果来看，一定是实际结果与预期的效果相去甚远，归纳起来有以下三种情况。

一、抓了战略，丢了市场，经营目标无法达成

长期与短期、局部与整体往往是矛盾的，因此注定了战略目标与短期业务目标会产生冲突。

例如，很多企业都会面临品牌整合的问题，在整合过程中，战略执行短期内与销量目标存在冲突，处理不好会影响战略执行的坚定性。通常，在企业快速成长期，大部分企业都会通过产品线延伸和渠道扩张策略来扩大销售，因为这个时期市场需求旺盛，只要发展渠道、开发品种，将产品呈现于消费者面前、满足消费者各种各样的需求、营造创新型的消费情境，就可以实现销量。但市场总会有饱和的一天，当消费者选择占主导，品牌就成了影响消费者选择的重要因素。为了强化消费者对产品的认知，需要整合产品、整合品牌、整合资源，**以集约、简单、清晰的要素来抢占消费者心智**。对于产品、品牌比较多的企业，会在很长一段时间陷入产品品牌整合的泥潭中，品牌整合就成了一项战略任务。

在市场整合时期，战略执行起来非常困难，因为每一个品种、品牌都在贡献一部分销量，整合往往会直接导致销量下降。

也正是因为这种痛，很多企业，特别是消费品企业无法迈过这道坎。

有一次，与“王老吉”的内部人员交流时，他们对此感到很头疼，因为冠以“王老吉”品牌的产品，除了各种包装的凉茶，还有一系列的食品和养生产品，林林总总，不下数十个。

这种情况很像十多年前的“青岛啤酒”，后来青岛啤酒明确了“品牌带动下的发展战略”，开始了大张旗鼓的品牌整合，旗下品牌从二三百个整合到现在的“1 + 3”，品种从一千多个整合到几十个。在初期的操作中，普遍存在抓了战略、丢了市场的情况，例如，在广西市场，经过多次的产品切换，青岛啤酒的销量从20万千升下跌到10万千升以下。

二、有大方向，没有细节来保障

战略实施不仅是大方向不能偏差，在细节上也必须做到位。

例如，A企业确定了进口替代的业务战略，通过学习国外对手，快速推出新产品，逐步实现备件国产化，大幅降低生产成本。在此基础上，为了缩短从产品研发到投入市场的时间，采取与客户合作的办法，即完成新产品样机后，以较大的折扣取得首个销售合同，在生产、安装、调试过程中实现产品的不断完善。这种研发、生产、销售一体的创新模式在前几年行业快速增长阶段取得非常不错的市场效果，可以说是非常不错的战略。

但随着行业发展周期和经济周期的变化，国内劳动力成本上升，人民币汇率上升及客户对产品质量要求的提高，A公司产品的价格优势越来越不明显。

更为严重的是，由于产品没有完全成熟就投入市场，需要多批次改良产品，造成客户对产品质量的稳定性，特别是前期稳定性的认可度不高，质量问题又对价格形成抑制，逐渐连基地市场也受到很大冲击。

其实，对于国外技术领先的行业，进口替代的发展策略方向是对的，生产、安装、销售一体的模式也是先进的。**企业之所以逐步陷于被动，很主要的原因是缺乏执行战略的保障系统，组织运行的整体性不能支撑业务**，主要表现在：

- 追求低成本与市场品质保证标准脱节，如由于内部协同问题，对客户感受关注不足。
- 责任体系不完善，考核和绩效停留在粗线条水平，如工厂与零件供应商之间的责任不清晰，销售系统与生产系统、生产系统与研发系统之间的责任不清晰。
- IT 系统支撑不足。ERP 没有与财务打通，由于缺少精确的成本核算，常常出现亏损合同。

三、缺少战略落地的方法

我们更多看到的一种情况是：一部分企业出于种种原因，花了精力、花了钱，制定了企业战略，却没有将战略管理运行起来。过去 10 年，AMT 提供咨询服务的企业超过 2000 家，但真正建立战略管理体系（即有战略管理职能，按战略管理流程进行年度回顾，实现战略、计划、预算、绩效闭环管理）的企业只有 10% 左右。

其实，有一部分企业确实在战略规划上是有所行动的，只是由于缺少方法和动力，没有实施战略管理，主要表现在三个方面。

一是叶公好龙。

某些大中型企业，为了某个目的，如为了向上要政策、企业升规格，或为了兼并收购的项目获得审批，会聘请国际知名机构做战略规划。达到目标之后，战略管理却没有运行起来。或者，企业因上市需要，制定一套战略，用于募集资金。IPO 之后，又找不到战略管理的办法，只好把战略文本放到一边去。

二是与日常管理脱节。

有些中小企业的老板，自己很有思路，想把战略梳理出来统一团队的思想和行动，于是聘请国内的咨询机构制定了一套战略规划，但在战略实施上没有找到很好的方法，或者不能持之以恒，没有取得好的效果。

三是缺少运营系统的支撑。

重大的战略举措必然时间跨度长、涉及面广、协同环节多。如果企业的运营管理系统没有建立，没有计划梳理、会议运行、项目管理、月度回顾的运行机制，是不可能找到战略落地方法的。

有一家广东的包装机械制造企业，聘请国内战略咨询服务公司做了战略规划，梳理出 30 项战略任务，都是非常宏大的项目，其中一项就是加强集团总部人才开发。

项目推进的策略为根据公司战略所需，加强集团总部和各分公司所需人才的储备和培养，推动总部升级。衡量标准为按实际到岗人数及人才试用效果进行评价。责任领导为董事长、总裁，责任部门为人力资源部。

对于这一与经营过程密切相关的战略举措，既要进行长远规划，又要确定阶段性目标，既要引入人才，又要保证现有人员的积极性，如果没有良好的运营管理机制反馈真实信息、解决疑难问题，是很难有效推动和实施的。

1.5 战略落地为什么这么难

战略具有前瞻性、系统性和持续性的特点，只关注某一点、某些方面，都难以达到预期的效果。如果对此理解不到位，必然导致执行过程中的偏差，主要表现在以下四个方面。

一、经营目标代替战略

由于对战略的系统性理解不到位，有些企业特别突出了经营目标，尤其是财务目标，似乎财务目标是主角，其他都是陪衬，掉进了**高目标陷阱**。

我们先来理解一下系统性。

西交利物浦大学校长席酉民先生说："实际上，20 世纪的管理科学在理论上已经解决了效率的问题，但是没有解决整体性、应变性和复杂性的问题，时代把这些问题留给了我们。"

所谓**系统性**，就是模糊企业的边界，把企业放到整个大的经济环境中思考它的存在价值和生存之道，思考未来的方向和发展目标，思考资源配置和竞争关系。

所谓**应变性**，就是在不变和速变中取得平衡，既不要让市场的波动影响企业有前瞻性的长远目标，也不要对环境的趋势性变化反应迟钝。

所谓**复杂性**，就是在多文化、多元化、信息化的大背下，企业对社会、市场、顾客、产品、服务、人员等做更宽和更深的思考，更快和更周全的应对。

那么，有没有一套解决整体性、应变性和复杂性问题的方法和工具呢？答案就是战略管理，其内容最少包括以下五个方面：

（1）**制定公司战略愿景。**好的愿景为公司在理念层面构建了逻辑上的优势，将企业当前所处的位置、未来的目标、价值创造定位、发展的路经和共同价值观等，合理地整合在一起，并清晰地表达出来，彻底解决思想混乱的问题。可以这样说，一个公司如果没有确立各利益相关方认同的战略愿景，必然会引发很多管理上的冲突。

（2）**建立目标体系（战略目标和财务目标两个方面）**。在公司长远的战略目标之下，构建一个相互支撑、分步实施、可积累的目标体系，让组织成员的目标一致、责任明确、全力以赴地工作。

这里的战略目标和财务目标有什么不同呢？财务目标是经营者希望公司所取得的财务方面的成果，而战略目标是公司要达到的地位和高度，因此需要加深对战略目标的理解：**战略目标是公司的竞争力和市场地位，**如市场份额、产品质量、服务、成本、创新压倒对手、品牌、市场领导力。

建立起更加强大的长期竞争地位比改善短期的盈利能力更能长期地为股东带来利益。

财务目标非常直接，也很容易分解，但它不能完整传递企业的愿景和使命，也不能指导经营者和员工开展工作。**战略目标是价值导向和竞争导向的，对工作具有指导意义。**只有通过实现战略目标来达成的财务目标才是健康的、可持续的。相反，没有以战略目标的实现作为基础和前提，即使达成了漂亮的财务指标，也是潜藏危机、难以持续的。

例如，一家生产经营五金产品的企业，以出口为主导，经营规模在2～3亿元，增长缓慢。前几年的毛利率比较高，经营利润还过得去，近来却陷入困境，原因是生产能力在下降，过去能生产1000万元产值的车间，现在只能生产500万元，导致成本上升，已经变为亏损。

有咨询机构建议他们要加强考核、优化流程，提高生产效率，结果实施起来效果并不好，员工怨气大。为什么会这样？原来是订单的批量变小了，生产效率下降。

说到这里，其实问题已经很清楚了，**就是企业缺少战略定位，只是跟在市场后面跑，产品、客户不断下沉。**企业的经营进入一个怪圈：市场经过大浪淘沙的竞争，已经出现分化，高端不断向上延伸，而低端由于缺少创新，陷入同质化的竞争，价格不断走低。同时，市场不断细分，有技术力量的厂家通过创新，通过产品升级，实现有技术含量的差异化，而技术没有进步的厂家，则通过满足客户的个性化需求来争取订单（称之为伪差异化）。

事实上，摆在企业面前的差异化机会有三种：

一是产品技术创新，做精质量，抢占高端市场。

二是优化生产工艺，通过大批量生产降低生产成本，形成价格竞争力。

三是构建敏捷供应链，通过满足客户个性化需求实现增值。

如果是市场的领导者，实力强大，可以通过子品牌运作，实现市场全覆盖，将三种机会都抓在手里。但对于市场的追随者，必须择其一而坚持做透才有立足之地。

这家五金企业的情形是销售端在抓第三种机会，而生产端没有实现从抓第二种机会向抓第三种机会的转型。通过加强考核和优化流程可以在一定程度上提升工作效率，但空间有限。要真正解决问题，必须从战略层面开始思考：

● 未来的市场定位是什么，并对产品、客户群、渠道模式进行定位。

● 构建与市场定位和业务模式相适应的供应链，确定模式和协同规则。

● 优化内部价值链系统，明确各个价值链环节的定位和价值创造。

● 建立运营管理系统，通过计划管理、会议管理、经营分析、最佳实践交流等，实现持续改进。

（3）**制定战略举措（路径）**。确定支撑公司可持续发展的核心能力，明确优先发展的顺序和建设步骤，并保证阶段性目标的实现。

（4）**战略的实施与执行**。研究支撑长期战略目标和实现短期经营目标的竞争策略，并将策略转化到职能管理和业务拓展当中，保证战略执行的一致性和有效性。

（5）**评价业绩，监控新的发展情况，采取矫正性调整措施，实现战略的闭环管理**。对于传统行业，通过年度战略回顾，对战略进行评估和调整，对于电商企业，这种回顾和调整，可能要缩短为季度，以适应互联网的快速变化。

二、有广度、没深度

只关心销量指标，不关心市场建设指标。市场深耕这个理念对很多行业都适用。每当谈及细分市场时，一些企业往往只关注客户群和消费群，而对市场的深度关注不够，没有办法形成市场竞争优势。

在云谲波诡的市场中，很多情况是机会，也是诱惑，稍不留神，就会深陷泥潭，更何况由于经营指标的压力，一线业务经理会罔顾长期利益和全局利害，出现短期行为，偏向于从市场的广度去寻找增量，而没有从市场的深度去形成存量。换句话说，**就是对市场的培育和建设做得不够，业务的增长没有可持续性。**因此，一个完善的营销管理系统，必然会将市场管理指标纳入运营管理范围。那么，销售收入与运营水平表现哪个更重要呢？其实，**销售收入只是短期的结果，可能是一个掩盖很多问题的大泡泡。**

例如，在消费品行业，对营销循环周期的定义不同，运营管理所覆盖的范围也会不同。

过去，曾经将营销周期定义为，从原材料采购的资金投入到产品销售出去收回资金。后来，定义的范围被扩大到经销商和终端，营销周期变为从原材料采购的资金投入到消费者从终端把产品买走，完成了一个不可逆的过程，经销商退货的风险消除了。

但是，今天，这样的定义已经不够，很多真正以消费者为中心的商家已经将这个周期定义为，从洞察消费需求至消费者接受产品或服务感到满意，并产生二次购买欲望。

可见，把产品销售出去，只是这个大周期中的一个环节，这个环节做得好，远不能说明整个营销循环状况就好。由于缺少对整个营销周期的了解，经营者只关注了销售的广度，未能对营销周期的各个环节都做到精耕细作，当然更无法实现有深度的经营。

三、有温度、没力度

企业要实现持续增长，必须聚焦资源，在新产品、基地市场、战略渠道、品牌、供应链、核心人才、资源整合能力等方面形成独特的优势。关于**核心能力与系统能力**的问题，听上去两个概念之间有些冲突，其实是一个问题的两个方面。

核心能力是从外面看的，是顾客、竞争对手、合作伙伴所感知的，**是果**。

系统能力是从内部看的，是整个组织系统的合理结构和高效运行使企业表现出特有的核心能力，**是因**。

换句话说，组织的强大，是由于组织的系统性优势，而不是由于组织中的某个人或少部分人的卓越表现。比如，各个部门、各个环节都是在各自的范围内想办法做很多事，就如同一块高温的金属，这种高能量状态并没有产生向前的动能。

战略执行没有力度主要表现在以下方面：

- 业务模式不清晰，只关注销售收入，没有关注客户群的扩大。
- 价值链定位不明确，没有梳理各个环节的价值创造点。
- 缺少供应链号召力，没有实现供应链响应速度和效率的持续优化。

四、重结果、轻过程

企业靠结果生存，但结果很快就成为过去，只有正确的理念和可以复制的成功方法才可以支撑可持续发展。试想，如果没有市场和产品的定位，如何建立在细分市场和区域市场中的优势？如果没有客户的分类管理，如何保证策略的有效性和营业收入的稳定？

经济有周期，销量有波动，只有建立了相对于对手的竞争优势才能保住市场地位。只有保持高于行业发展的平均速度，保持凝聚力、学习力和创新力，保持对环境的敏感性和适应性，才可以实现企业的远景目标。

1.6 战略落地七步法

为了帮助快速成长型企业建立战略管理体系，实现可持续发展，我们特意从战略管理实践中提炼出战略落地七步法，以方便学习和掌握。

首先，我们从介绍青岛啤酒的战略体系和美的集团的战略管理机制入手，让读者对战略体系有一个结构性的了解，并逐步理解战略的内涵，进而树立正确的战略理念。只要理念正确，对方法的学习就很容易了，否则也只能是邯郸学步。其次，我们关注战略的转化，导入战略向策略转化，策略向行动转化的方法，将计划、指标、协同、学习、提高等环节整合起来，建立 PDCA 循环，实现战略的闭环管理。

我们将环环相扣的七个步骤简称为“战略落地，七步成诗”，如图 1－2 所示：

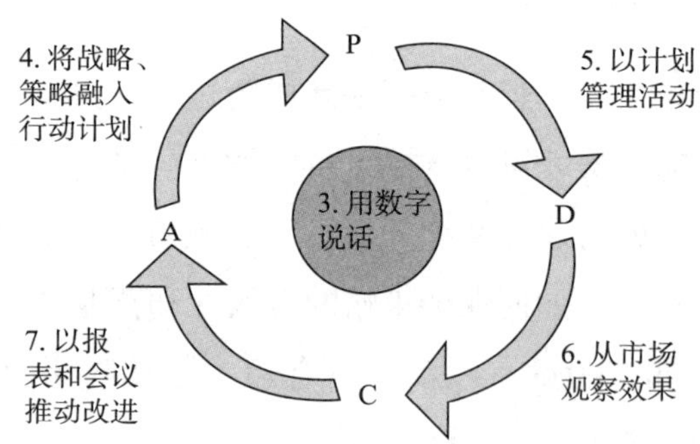

图 1－2 战略落地的七步骤

第一步，确立正确的战略意识。

第二步，让战略被平凡人理解。

第三步，用数字说话。

第四步，将战略转化为业务策略，将策略融入经营活动。

第五步，以运营计划为抓手，动态管理经营活动。

第六步，从业务前端评价战略执行的效果。

第七步，以报表和会议推动改进。

这不是七个僵化的方法，而战略管理的七个方面，其中第一步到第三步是营造良好的战略管理环境，第四步至第七步是如何抓住管理 PDCA 循环中的关键因素。

第二章
高层：确立正确的战略意识

一辆汽车只有配置了平衡系统、安全系统、仪表显示系统、操控系统等，才能真正实现简单、舒适的操作。战略管理也是如此，要让战略管理变得简单，必先要对战略管理系统做一个全面的了解。只有全面准确把握战略的精要，才可能达到简单有效的至高境界。

2.1　准确理解战略思想的内涵

一、高层思想上要统一

战略是为了统一思想、统一目标、统一行动。很多企业中的经营问题都可以追溯到高层思想不统一，而不统一的关键点是对短期目标与长期目标关注不一致。因此，必须让战略思考成为一种习惯，**将经营重点统一到关注长远目标上来**（关注短期目标其实是不需要战略的，只需要战术就可以）。本质上来说，战略管理是一种长周期的管理，需要各级主管知环境、知未来，从支撑长远的战略目标出发，思考功能的优化和能力的培养。

我们可以从一幢大楼的供水工程与大楼总体设计的关系来理解具体业务与规划的关系。

一是供水工程的施工首先要从了解整幢楼的设计（战略）开始，其次再设计供水的网线和输送系统（专业领域的规划），最后与电力、消防等其他系统一起做施工排程（协同）。

二是在总体任务清晰之后，要懂得工作分解，只有将工作合理分解，组织协同的效率才能提高。进入供水系统的施工阶段，工作安排是否合理，对工作效率至关重要。水管是场外裁截还是现场裁截，哪些可以同步施工，哪些节点需要做好测试，都需要事先有明确的安排。要做好工作的分解，就必须对工作的结构和内在逻辑非常了解，对主管的业务能力要求很高。

三是提高指挥能力，即紧急状态下的资源调配能力。指挥能力同样是基于对整个大厦项目的了解。可见，参加大楼建设的各方都需要大楼的设计图纸，更何况比大楼建设更加复杂、更加动态的企业经营。

战略规划不仅明确企业的发展方向，而且为经营管理的方方面面提供原则和标准，使实际工作中更容易形成协同。

二、战略不仅是大方向，设计更讲究细节和严密性

优化协同是提高组织效率的关键。

很多老板对战略的理解是在浅层面的，或者说只停留在大方向、大原则的层面。恰恰相反，**战略规划和战略管理都是比传统的基础管理更加细致、更加严密的管理形式，**完全是基于先有设计后有实施的理念。

很多老板过于关注个人的能力，而对于如何提升组织的协同效率思考不多。确实，在有些行业，个人的作用特别明显，有一个好领导就能够盘活全局。但现实生活中，这样的能人很稀缺。必须明确的是，个人能力的强与组织能力的强是两个不同的层面。

只有当领导者的强是通过规范化组织运作，提高组织的反应速度和运行效率，是激发广大员工创新和推动人才成长来实现组

织效率提升的，这种强才是与组织发展一致的。如果领导者的强是通过个人社会资源的发挥和亲力亲为参与具体工作来带动企业业绩增长的，那么这个企业依旧是没有生命力的。

如果只停留在“火车跑得快，全靠车头带”的领导拉动模式，企业发展速度提升的空间将是有限的，这种情况下，领导个人的天花板就是企业的天花板。今天，组织协同效率的提升，已经进入动车组时代。

动车组就是把带动力的动力车与非动力车按照预定的参数组合在一起，因此可以概括地讲，动车组是自带动力、固定编组的，列车两端分别设有司机室进行驾驶操作，配备现代化服务设施的旅客列车的单元。带动力的车辆叫动车，不带动力的车辆叫拖车组。

这样一种组织技术也可以应用于企业当中，动力分散，协同畅顺，步调统一，效率更高。如果只靠领导推着走，只有一股力量在驱动，前进的速度必须是有限的。

今天，策划的工作越来越重要，策划性的人才总是高收入的那一群。**战略落地不是把战略发布出来就可以让下面去执行，而是需要结合市场发展、竞争态势和经营目标来进行策略的转化。**策划能力是一个积累的过程，既需要人才的成长，也需要信息系统的支撑。我们经常会遇到这样的情况，有些经理在一个区域获得成功，提升到新的区域却难以胜任，这是为什么呢？其实就是策划能力没有成长。

例如，某公司为了完成全国性布局，在2008年成立了宁夏办事处，属省级单位，由于条件比较艰苦，省级经理没有人想去，于是从城市级经理中提拔优秀的经理出任。但实际结果是，这样从基地市场选拔的经理却发挥不好，原因就是他们在原来成熟的体系内，工作性质以执行为主，而到了省级单位，不仅要运行系统，还要制定策略、判断策略的有效性，这对被快速提拔的城市级经理无疑是巨大的挑战。

后来，公司总部对管理方式进行了调整，总部职能部门加强与省办的结合，一起研究市场策略和制订年度工作计划，并增加市场巡回诊断的频率，结果取得了良好的效果。之后，在公司的销售管理部门，专门增加了一项针对省级办事处经营能力提升的工作，并纳入 KPI 考核。

一个执行型的人才要成长为规划性人才，需要很多方面的提升。既要了解战略，又要了解市场；既要进行战略转化，又要整合各方面的资源；既要保证战略的实施，又要完成经营目标。同样，在一线的执行单位，也需要不同类型的领导人来肩负不同发展阶段市场的建设使命。

不同的市场发展阶段，工作的复杂性是不一样的。在初级的生存阶段，需要冲击力强的领导者，让他拥有较大的决策权，保证市场的快速反应，给予竞争对手猛烈的冲击。但当市场发展到成熟阶段，就需要进行市场深耕，工作的系统性和精细化水平比较高，粗犷的领导已经不适合，需要规划能力、协同能力强的领导者来领导工作。

三、执行一致：用计划保证劲往一处使

行动一致性是组织的价值所在，实现的方法就是计划。大部分中小企业并不适应计划管理，因为从他们成长经验来看，更有

用的是敏锐的眼光和快速的反应，计划赶不上变化。**事实上，越是快速变化的环境，越需要计划的协同**。试想，在高对抗、高不确定性的足球比赛中，也讲究布局，也设计、固化战术体系，也有训练大纲计划。

有一次，一位企业的总经理对我说，他很认同的一个管理理念是“少一点计划，多一点激励”，并认为计划不能太细，因为环境是在变化的，太细了无法执行，更无法考核。这种僵化的计划观点，是在没有计划管理体系下的一种被动和无奈。

计划不是内容多与少的问题，而是合理与否、完整与否的问题；计划也不是管理的粗细和考核的宽严问题，而是管理过程是否闭环、是否形成固定节奏的问题。战略本身是一种计划，战略管理过程也就是计划管理的过程，只是它的周期更长，思考范围更广，内容更加丰富罢了。图 2－1 是某国际化公司的计划管理周期。

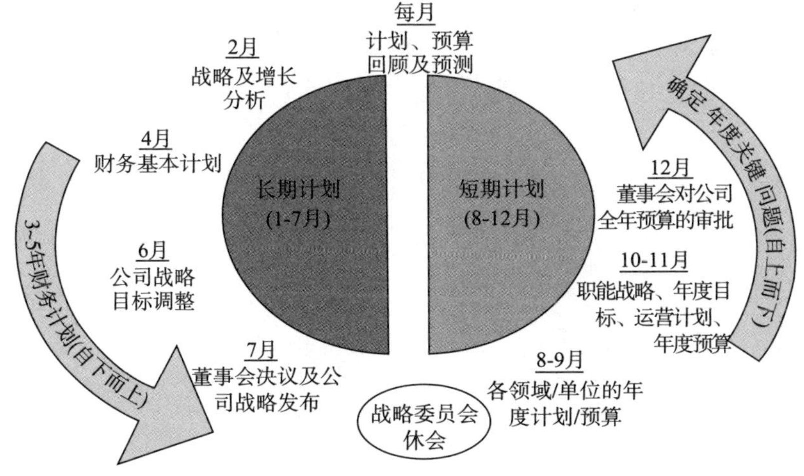

图 2－1　某国际化公司的计划管理周期

对于一家快速成长的企业来说，当市场环境发生变化，竞争从机会和资源竞争变为效率和观念的竞争，经营从随意性的管理向缜密型的管理转型就成为必然。

构建良好的计划管理是一个漫长的过程，一开始计划管理并不完善，效果也许并不明显，但这并不重要，重要的是意识的觉醒和习惯的形成，是朝着正确的方向一步一步努力的。

对任何事物，不要用它不完善时的缺陷来否定它的价值。

2.2 什么才是正确的战略意识

意识不正确，一切可能都是乱的。经常听到有人以这样的口吻谈论战略："我们公司希望制订一个用三年时间营业收入从30亿元发展到200亿元的战略。"不错，战略是从对差距的不满和发展意图出发，经营目标也是战略目标的一部分，但是**科学的战略一定是外部机遇与内部能力的匹配，长期目标与短期目标的平衡。**

如图2-2所示，IBM的业务领先模型从改变差距的意愿出发，将战略、执行、领导力进行整体、连贯的考虑，就其逻辑而言是非常严密的，但这些概念包含的内涵太过丰富，一般的管理者难以驾驭和转化为准确的行动。其实这个模型更适合于快速变化的行业，而对于传统稳定的行业，每年在市场洞察力、战略意图、业务设计和创新焦点这四个方面进行战略思考时，可以出彩的地方并不多。

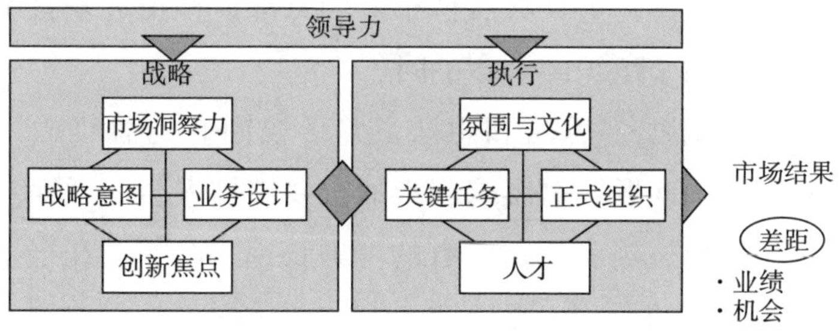

图2-2 IBM的业务领先模型

因此，**如果老板简单地从业绩差距和机会差距上，斗气提出一个所谓的高目标，用目标倒逼来强行配置资源，会很容易受到**

经济周期和行业发展周期的冲击，风险也是非常大的。

因此，处于传统行业或稳定发展行业中的企业，目标应在战略之后，即只有在方向、路径、行动方式确定了之后，才能确定每一阶段前进的里程碑。**只是简单突出财务目标并不是一个正确的战略意识。**缺少正确的战略意识指导，做大的企业可能不仅是虚胖，而且还有可能是只长肌肉不长能力，只长体形不长脑袋的“废人”。

“明者因时而变，知者随事而制，强者乘势而进。”战略不是僵化的，其内容是变化的，但是，我们更应该明白战略自身的内涵，把握其本质性的规律。

一、远见意识

理念落后，企业难以走远。理念不切合实际，则无法凝聚人心。如果企业的理念不行，即使当下风风火火，也是难以长久的，因为价值观的不一致，最终会演化为利害冲突，特别是经营出现困难的时候。

成功可以复制吗？回答这个问题的关键是理念。管理是在正确的理念下谈方法。为什么看似很好的方法，移植过来就不适用呢？答案就是两个组织的理念不同。

每个人都有很多思路和想法，并形成固有的思维模式。因此，面对同一个问题，对影响因素的重要性排序会因人而异，衍生出很多做事的逻辑和方法。有的考虑长远，有的重在当下，有的着眼全局，有的专注一点。

短期目标与长期目标往往表现为一对矛盾，局部利益与全局利益往往又是冲突的，更不用说个人利益与集体利益的关系了。如果对目标的关注不一致，认知和观念就很难一致。对于当下的利益，就像是摆在你我之间的一个物体，我们各自看到的是不同的一面，只有当这个物体放置得足够远时，看到的才是相同的一个侧面。比如，对于月亮，只要视力没有太大差别，我们对其认识是一致的。

同样，对于一个企业未来应该如何发展，相对比较容易达成共识，但谈论当下应该先做什么，大家的意见就比较难达成一致。

所谓正确的理念，首先就是关注的目标要一致。一个领导者如果能够让下属关注长远，已经是一个很好的领导了。**其次就是对利益相关方的关注，**看老板考虑的只是企业赚钱，还是关注股东、员工、客户、社会的共同利益。企业关注对象不同，经营的做法大不一样。

在一些政治氛围很浓的企业，讲一套做一套的现象就普遍。这种情况下，虽然墙上贴满了标语，但真正被认同的理念却并不存在。在这个信息传递无障碍的时代，领导者再巧妙地做秀也逃不过员工的目光，并且很快会成为网上议论的热点，成为讥讽的对象。

企业的经营理念实际上是高于战略的，它在企业还没有重新进行战略性思考之前就已经存在，也许并不明朗、并不系统，甚至没有得到广泛的认同。因此，**企业在进行战略规划的时候，一定要做好顶层设计，发挥大家的智慧，进行思想大碰撞，形成真正有生命力的经营理念。**经营理念讨论、归纳、提炼的过程，也是统一思想、坚定目标、认同价值的过程。李嘉诚的理念认为过程和氛围比结果更重要，因此非常注重人脉关系和接班人观念性格的培养。

构成企业理念有三个关键词：使命、愿景、核心价值观。

确立战略管理意识必须是自上而下，高层对战略的明确和坚定可以带动中层的理解和执行，而中层的日常化宣贯和管理又可以进一步强化员工的意识和习惯。

有一次，我陪同一个机械制造企业的业务人员小宋进行市场拜访，一路上这位业务员和客户都对公司的产品质量，特别是机器运行的稳定性抱怨不断。当然，质量的问题与技术水平、管理水平、成本策略等有关，至于下一步从哪个环节入手抓好质量提升，正是我们作为咨询顾问需要解决的问题。

于是，我问业务员小宋："你认为我们公司产品质量一直上不去的原因是什么呢?""是意识!"小宋非常果断的回答让我有些吃惊，因为他说到根上了，说明大家都看到了问题的根。

为了探明小宋究竟是在应付我还是认真回答，我又问："公司要平衡的因素很多，很多事情都是受成本问题牵制的，我们只能在有限条件下把事情做到最好，你认为质量问题有没有一些盲点呢?"

小宋认真地说："重复出现的问题就不是盲点了，一些国产零部件质量水平与进口的相比，差距是明摆的，改用进口件我们会卖得更有信心，价格也能提起来。"

后来，我就这个问题与公司的总经理进行了讨论，总经理说："都用进口零件，我们的利润空间就没有了。用国产件做出与进口产品差不多的效果，我们才有性价比优势。"问题的根也正是在战略意识上，也就是在于短期利益和长期利益的平衡上。

企业和人一样，境界有高有低。有的企业社会责任感强一些；有的企业则专注企业的经营，专注于如何实现快速发展、如何赢得竞争优势；有的企业确定营业额、利润如何翻番的目标，并没有在客户价值、产品结构、品牌定位、市场开发、资源效率、组织能力上确定清晰的目标，更没有明晰财务目标与战略目标的关系，这样战略就没有起到指导性的作用。

《丰田模式：精益制造的 14 项管理原则》中的第一条就是："管理决策以长期理念为基础，即使因此牺牲短期财务目标也在所不惜。"这句话给予执行者非常明确的价值导向，让他可以又快又好地处理冲突，这样系统运行效率自然就高了。

二、高目标意识

很多员工在听到战略一词的时候，首先想到的就是高目标，从而产生排斥。

为什么企业战略目标一定是一个高目标呢？因为要在未来的竞争中胜出并建立竞争优势，就必须以高于行业平均的速度发展。当行业处于快速发展期，取得超常规增长的企业可以迅速取得领导者地位；当行业处于整合期，快速发展的企业又面临更大的财务指标压力。所以，**一个战略性的目标往往是一个高目标。**

而且，从企业内部来看，人员工资是上涨的，运行成本是上升的，企业必须扩大生产规模、提高经营效率才能满足员工和股东"日益增长的物质和文化需要"。

当然，如果一个企业正好处于业务转型时期，要从现有业务逐步退出，可能业务增长的要求不会很高，但开拓新业务的目标挑战性更大，目标更高。

从职能层面来看，实施战略管理，职能部门的工作任务也会非常繁重。战略实施过程中必然伴随着组织变革，一方面要优化系统，另一方面要完成富有挑战性的经营目标，就像人们所比喻的“在汽车行进中换轮胎”一样艰难。

变革管理是管理中的“九段”（围棋的最高级别），是建设中的破坏，是均衡中的倾斜。这个过程一般需要借助外脑，这是由变革思考的前瞻性和变革方案的精密性所决定的。这个过程也是企业员工，特别是职能管理者学习、创新的过程，必然面对严峻的挑战和大量的工作。经过全面的思考和复杂的信息处理之后，企业的职能管理人员必须理出清晰的经营思路：

• 在明确对手、了解对手的基础上，为了超越竞争对手，预先计划好哪些活动和措施？

• 为了应对不断变化的外部环境，建立了哪些反应和回应机制，策划哪些相应活动？

• 为增加收入，需要进入哪些全新的业务领域？

• 做好哪些活动，以增加公司资源基础、提高竞争力？

• 如何不断优化供应链，有哪些方法和行动？

• 公司所涉及的地理区域范围和业务深度是否需要调整，采取什么行为？

• 以并购什么来增强公司的业务地位？

• 有哪些组织战略联盟行动和与合作伙伴联合行动？

• 有哪些利用新机会、防止外部威胁的行动？

实施战略管理，必然对经营的方方面面都是高标准严要求，必然是每一个岗位都是创新和挑战。

三、核心竞争力意识

对于核心竞争力的重要性，很多中小企业的老板并不认同，认为应该做好的事情一个也不能少，因为失败往往是意想不到环节上的错误导致的。例如在市场上，有一点做得不好，客户就会抱怨，甚至被竞争对手利用，被牵着鼻子走。

有一次，我与一位生产机械产品的老板交流，就品质、性价比、服务、客户关系、创新等方面，企业应该在哪几个方面形成核心能力进行讨论，老板坚持认为，这五个方面必须全面抓好，否则都有问题。

我进一步解释说，当然这五个方面都必须达到一定的水平，但我们可以在某些方面做得比对手更好，形成差异化。

但老板认为在某些方面的差异化并不能很好地实现价值。如服务做得好，客户会认为是应该的，是对你的产品质量不好进行补偿；性价比也没有统一的标准，不同的客户对性价比的认知不一样；客户关系也不是依靠维护来维系的，而是在于产品质量的表现；即使创新的能力很强，但要让市场接受产品却有一个过程，而且新产品的生产会挤占产能，创新的价值很难体现出来。

显然，他是从企业内部的视角，将核心能力看作做好某方面的事情，而不是从市场竞争的角度看企业的差异化能力。**要形成核心能力，不仅是把事情做好，而且要形成客户的感知，才能实现其价值。**比如，企业把品质、创新作为核心能力，则品牌运营必须跟进，必须占据市场的高端，拥有定价权并引领行业的发展潮流。这样才能形成一套互相强化的内部机制，把核心能力提高，否则，做质量、搞创新也只能是一个消耗资源的项目。

四、可持续发展意识

可持续发展意味着，为了长远利益宁可放弃短期利益，因此正确对待短期机会和构建基于实现长期目标的结构性思维就是正确的可持续发展意识。

（一）正确理解机会

从竞争层面看，机会永远是关注的重点，以至于有些领导者整天考虑的就是发现和抓住市场机会。但是，机会真的那么重要吗？应该如何对待机会？有几点需要考虑清楚：

（1）**市场机会稍纵即逝**。由于变化太快，往往很难抓住市场机会。比如，年度流行热点、重大事件触发的需求等，都是很难把握的，除非你刚好具备了利用这个机会的能力，所以说机会只留给有准备的人。

（2）**是机会也是陷阱**。有些机会是竞争对手的卖点在市场得到良好的反应，这时再去追赶，可能遭遇对手的连环拳。当然也有些机会是对手的过失造成的，但我们不能把成功建立在对手的过失上，而且能够利用对手的过失，其本质也是一种能力。

（3）**真正的机会是看到整体的趋势**。核心能力的形成需要一个时间过程，所以只有看准发展趋势才能把握战略机遇期。当然趋势也是在变化的，只是趋势性的变化周期比较长，企业可以整合企业的结构、资源、能力来适应这种变化，追求可持续发展。

只有可持续发展才能赢。没有持续性的暴发式增长，可能是加速死亡的一种形式。任何行业都有暴发期，企业有规模经营的冲动，健康的发展方式是两者合拍。

随着世界经济的回落和中国经济增长方式的转变，一些通过投资周期业务拉动的高增长企业，已经面临经营的困难。由于人类的行为具有模仿的特点，社会活动的发展大多遵循 S 形曲线：行业发展必然经历低速增长的发育阶段、高速增长阶段、成熟阶段和衰退阶段。很多企业在高速发展阶段把握了机遇，形成了一定的规模，但是长了个子不长脑袋，系统没有效率，在跟随而来的残酷淘汰赛中没有优势，无法在成熟阶段赢得竞争。

（二）构建支撑赢的结构

企业凭什么赢？第一是方向选择正确，第二是效率领先和建立客户信任。没有战略管理，很容易在市场的波涛中迷失方向。没有持续改进和标准化，柔性化的系统就难以建立，就难以兼顾效率与客户需求，就难以在市场进入高阶竞争阶段中胜出。

系统效率依靠什么来实现呢？

• 结构的科学性，就是形成有竞争力的业务模式，实现在业务前端的服务、信息收集、资源配置上的高效。组织结构要从提高基本业务单元的竞争力入手，确定组织管控模式，并根据核心能力发育的需要，完善职能系统的建设。要打破职能系统领导业务系统的观念，形成前台与后台合作的协同关系。

• 资源的集约性，就是对提高企业影响力和系统效率的资源集中管理，如品牌资源、公共关系资源、研发资源、信息系统建设资源。

• 管理的专业性，就是强调以专业深度成就事业高度，通过专业化来实现精细化。没有专业化，就没有高质量的协同。

• 执行的一致性，源自对战略的深刻理解和对规则的尊重。

第三章
基层：让战略被平凡人理解

理解是第一执行力。战略不能为普通员工所理解，战略执行过程中的创造性就会消失。没有创造性的执行，不可能实现有挑战性的战略目标。

3.1 阻碍员工理解战略的原因

战略不能被理解，是上层的问题。基层人员不可能具有高层管理者的视角，与上层对环境和事物认知的全面性、系统性、长远性差距很大，这是客观存在，但企业没有正视这种存在，或者没有采取相应的办法来改变，才是造成战略不能被普通员工所理解的真正原因。

一、企业高层本身就没有达成共识

大家都明白共识的重要性，**中国人有一个习惯是把话留在心里，表面上没有反对，但心里不认同，行动上响应不积极，不被抓到把柄就行**。这与中国员工的职业化精神有关，大多数人会把工作理解为为老板干，为企业干，为某种理念、利益干，并没有基于职责的使命感，也没有基于自我价值的使命感。

因此，**在观念还没有形成的情况下，只能运用机制来强化意识**。

有些老板抱怨说与多年合作的企业高层没有形成共识，原因就是他们并没有就方向性问题、原则性问题进行深入的、反复的讨论，没有形成长远的共同目标。作为总经理，本身就要有很强的战略思考能力，战略管理部门和外部咨询服务机构只是提供专业性支持。

公司的战略不可能仅靠少数服从多数的原则就能确定下来，更多的是依靠总经理的远见卓识和坚定意志。**高层务虚会是一个很好的沟通机制，让大家围绕着核心问题自由地畅谈，找出差异和冲突**。不但要就那些高层次的、全局性的战略选择核心内容谈透彻，也要非常明确业务策略和当前的管理重心调整，因为上层的一点含糊和偏差会造成执行层面很大的困惑和摇摆。

有一家机械制造企业的董事长和总经理都是股东，企业内形成一种权力相对均衡的状态。企业在主业取得竞争优势之后，实施相关业务多元化，发展注塑机业务，但规模一直上不去，前两年加大投入，扩大了产能，希望丰富产品线，形成系列化经营。但这个指导思想有违战略的基本思想，即在弱势地位下，把战线拉长了，弱化了主打产品，使企业盈利能力下降。

面对行业增长放缓且自身产能过剩情况，企业下一步怎么办？

董事长与总经理对下一步策略的表述完全不同。

董事长认为应该大力发展通用产品，因为这一部分市场份额最大，可以通过上量降低生产成本。而如果发展新型大型机种的话，新型大型机种本身不是自己的强项，市场一时难以打开。

总经理则认为，应在做好现有中小型机的基础上，加大对大型机、专用机的投入，建立未来的竞争优势。

起初，我对企业高层之间如此大的业务方向选择差异感到惊讶，后来发现了其背后的思维逻辑：董事长需要向投资人交代，关注短期业绩表现；总经理出于当期业务的压力，希望减少短期业务压力，多为长远发展做准备。由于缺少明确的业务方向，业务单位只能基于自身对市场的了解，把握市场热点，优化经营指标。这样能做好吗？答案是确定的，他们过去一直是这样做的，当下的结果也是未来的结果。

二、战略被看作公司的机密

战略的透明性：竞争对手非常清楚我们所遵从的理念、技术和途径，他们也可以像我们一样遵从它们，但差距在于用来制定和实施战略的相对彻底性和自律性。

事实上，如果专门研究我们的竞争对手都无法清晰地了解我们的战略，那么我们的员工又如何能做到呢？

很多企业花了一大笔钱，请第三方做了一个战略规划，却只有几个高层管理者能够看到，职能部门也只能看到与其相关的部分，根本无法全面了解公司的战略思想和原则，基层管理者就更是盲人摸象了。

三、缺少上下的沟通

上下沟通不但缺少行动，也欠缺方法。首先是老板要将战略沟通视为主要工作内容，将自己定位为一个战略的布道者。“人无远虑，必有近忧”，企业领导者要懂得做长远的思考。高层次的领导会比低层次的领导思考得更远，而普通员工往往只考虑当下的事情，认为其职责就是把眼前的事情做好。正因为如此，领导和下属有时候就想不到一块。

公司老板的主要工作就是与下属做好愿景沟通。如果公司理念中的员工与公司利益不一致，说不清楚在做什么、为什么做、如何做，这种沟通就会显得空洞，就很难再深入下去。有时候，随着环境和经营情况的变化，老板的思路又发生变化，即使思路没有变，但用词和语气发生了变化，下属又会觉得老板善变。

其次要有布道的道具。基督教的布道者需要一本《圣经》，我们的老板也需要一本企业的圣经，这本圣经就是企业的战略文件。所谓布道，应该是先有道而后去布，而这个道要具象化，否则就是空谈，反复谈而没有行动，就会让人厌烦。

有一家化妆品公司的老板抱怨说："针对新一年的工作，我参加销售部的会议，详细讲了明年的工作思路，讲了两三个小时，讲话记录就有上万字，但他们还是连计划都做不出来。"后来我看了会议纪要，觉得这位老板的讲话非常到位，也很有前瞻性，可以看出其EMBA优秀学员的影子。但问题是，其内容都是方向、思想和原则，没有讲具体的事，更没有指定事情由谁做，做到什么水准，什么时间完成。在5W1H里，最多只讲了为什么要做。

如果企业不大，老板安排的工作能够很清晰地看到结果，也就是从要做到做、做好、评估整个过程的信息流，在老板这里是闭环的，那么战略思想、战略原则和战略举措就不需要展现出来，老板本人就可以监控战略的落地。

所以，即使是很小的企业，其战略管理也是在起作用的。只是当企业发展到一定规模，很多指令的操作过程和效果已经很难被真实看到了，老板才会感叹战略落地的困难。

四、战略本身难以被理解

就战略本身的内容和结构而言，也让员工难以理解。

（1）**概念太大**：一线的业务人员学历不高，资历尚浅，对于体系、系统、机制、市场、价值链等这样一些概念难以理解，因为概念太大，超出他们的所见所及。

（2）**距离太远：**未来的方向、长远的目标等也会让人觉得太遥远，即使员工明白了道理，也因为与当下的切身利益关系不大，而对行为的影响不大。企业必须要面对的事实是：基层的员工只是将工作当作当下的谋生手段，还难以达到做事业的层次。

（3）**纠结太多：**在没有对战略内容有系统性了解之前，各个单一方面的观点往往容易表现为一种冲突。例如，为了控制成本，在同等质量条件下，偏向于选用没有品牌影响力的促销品，但无形中会对自身产品的品牌形象产生负面影响。对于业务单位，过程管理与结果性目标冲突非常普遍，即大量的过程性管理工作短期内未必能促成预期的经营结果，大量的劳动付出没有回报，员工的思想就会产生动摇，影响对战略的理解。

3.2 让员工理解战略的有效方法

将专业性很强的战略语言转化为普通员工可以理解的语言，将战略宣贯的责任落实到每一级管理者身上，让员工在战略体系的价值链中找到自身的价值位置，并理清战略与战术的边界和相互融合是让员工真正理解战略的基础。

一、使用普通员工能够理解的语言

早在2008年，青岛啤酒营销中心刚成立不久，正处于营销战略梳理和组织调整时期，既要强调专业化定位，又要增进系统协同，这种既讲职责清晰又讲协同无界的理念引起员工的思维混乱。

为了让员工了解各自的职责与协同的关系，**青岛啤酒借用了足球比赛的游戏规则做了形象的比喻。**

营销团队就是一支足球队，足球队的目标就是进球得分，赢得比赛。

- 在营销足球队中，营销总裁是足球总教练，负责整体运筹谋局。
- 营销副总裁和总裁助理是教练，配合营销总裁落实战略布局和重大问题协调，中心的规章制度是裁判，是控局。
- 前锋就是一线销售，由办事处和经销商组成，负责进球得分。
- 中场是区域销售，就是省级公司总经理，在业务层面组织销售团队发起进攻。

- 边卫是职能部门中的作战部门，就是销售管理总部和品牌管理总部，给前锋传球，为得分创造条件。
- 后卫是各支持部门，包括财务总部、人力资源总部、综合管理总部，为球队进攻提供职能支撑和保障。
- 守门员是内控部，形成协同格局。

在营销足球队中，任何一个位置都是必不可少的，缺了谁都不能组成一支球队。

足球队的目标是进球得分，营销团队的任务就是把酒卖出去、把钱赚回来，得分就是赚钱，球射出去但是射偏了不能得分，酒卖出去赚不回钱来，也没有效果。

要进球得分，首先就需要各个位置上的球员具备相应的专业能力。

前锋专业能力不足，没有临门一脚，就不能破门得分，就卖不出酒赚不了钱或者酒卖出去拿不回来钱。中场、边卫没有相应的专业能力就不能为前锋提供有威胁的传球，不能支撑前锋得分。后卫专业能力不足就不能形成有效防守，为前场队员进攻提供保障。但是，任何一支球队光有专业能力还是不够的，必须要有协同能力。前锋个人能力再突出、得分能力再强，拿不到球一样不能发挥作用。

营销团队的每个队员都有较强的专业能力，这是基本的业务素质，是加入团队的基本条件，不具备这个条件就不可能获得今天的职位。专业上都很称职，但是能不能上场，既取决于你的专业能力，更取决于你的综合素质，看你的协同能力、团队精神和合作能力，你是个好队员但是没有协同能力就不能让你上场。

比赛是整个球队的比赛，讲求的是团队协同，进球大家赢，不进球大家一起输，所以协同能力至关重要。

我们一体化的核心力量是协同力聚焦，没有协同一体化就没有意义。协同需要一种精神，那就是能善于合作的团队精神；协作需要一种能力，那就是善于沟通并互相尊重的协同能力。通过沟通形成合作，通过合作形成有作战能力的团队，通过团队形成一体化的运作。

例如，市场聚焦这个概念很深奥，为了让经销商和一线团队更好理解，可以直接提出全国性的市场聚焦。就是全国发展几个省级核心基地市场，省级市场聚焦则在每个省发展几个优质城市市场，城市市场聚焦则是每个城市发展几条优质食街。

如此推进，在每个地区发展几个优质城市，每个城市发展几个优质乡镇，这样直截了当的要求，使得各级组织在业务拓展中的目标非常明确。同样，为了让经销商理解业务聚焦，专门使用便于他们理解的“做庄”来表述如何实现业务聚焦和提高市场地位：

- 能力和资源不够时，先做单一产品单一渠道的庄家。
- 把一个产品做好之后，再做单一渠道多产品的庄家。
- 单一渠道做好之后，做小区域多渠道的庄家。
- 从小到大，先做小区域庄家再做大区域的庄家。

关于协同的问题，很多人都会说自己已经做得如何好，问题都在别人身上。对此，青岛啤酒也做出清晰的表述：

- 协同不好是我的责任，是我没有按别人的要求完全做好配合，或者是我没有完全理解别人的要求。
- 我所说的别人听不懂，是因为我没有用对方能够理解的语言来表达，是我对别人的理解不够。
- 别人没有与我协同，是因为别人没有从与我协同中得到好处，是我不能给他带来价值，是我的水平不够。

二、每一级主管都承担战略宣贯的责任

运动式的、集中式的宣传会让员工产生脱离实际之感，因此宣贯战略应该与具体工作结合在一起。**经常面对员工的是各级主管，他们必须深刻理解和准确把握公司的战略内容，成为战略的播种机，把公司的战略根植到广大员工中去。**要保证播种机的功能实现，就要重视核心人才对战略的认同感。因此，在核心人员的选拔过程中，要注意两点：一是共同价值观的认同和融入，二是对战略的理解和坚定。

“理解是第一执行力”、“知行合一”可以迸发出强大的能量。

王阳明提出“知行合一”，通俗的理解就是知道了就做，不要空谈，不要违心。中国人都有高谈阔论的习惯，员工们特别是一些对公司未来思考较多的主管们多喜欢议论公司的战略，表达不同看法。这些议论多了，对战略落地是一种阻碍，使执行的力度打折扣。

因此，只有确保每层主管理解和认同战略，才能达到知行合一，才能形成组织的强大执行力。**对于一般员工而言，要达到战略执行和战略理解的同步，不是在课堂教学中学习战略，而是在实践中以战略指导具体工作。**

要在员工中形成这样的思维模式：只要是战略要求的，就不要去质疑，而要全力以赴地将任务完成，做到最好，这就是“知行合一”。其实人都会认一个“理”，具体而言这个“理”就是价值观和思维模式。行动统一、有战斗力的队伍，必然价值观统一、思维模式一致。

例如，对于如何看待协同，可能不同的人会有不同的看法。当一件事情没能协同好的时候，人们会从客观或对方的身上找原

因，很少会从自身找原因。因此，要想组织协同顺畅，就要明确地提出："别人没协同，是因为我没有主动协同；我主动协同别人，别人还是没有与我协同，那是因为对方没有发现与我协同的价值。"

建立了这种思维模式之后，大家就不会只谈协同的主动性，还会设法提高自己创造价值的能力。认识自己是困难的，如何让员工正确认识自己、评估自己，也是"知行合一"的内容。

各级主管对下属战略宣贯的形式很多，但必须融入日常工作中，避免枯燥的说教，主要方法有：

（1）建立企业内部培训师制度，每一级管理者都有对下属辅导和与横向部门交流的任务，这个培训过程也是战略宣贯的过程。

（2）在内部例会上，所有人员在谈论工作计划时，必先背诵本岗位的愿景、使命和价值诉求。

（3）企业内刊每一期围绕着某一个战略主题进行集中呈现，加强员工对战略理解的深度和广度。

（4）让员工养成制订年度计划的习惯。每一位员工在制订年度计划时都要与上级主管进行面对面沟通，这既是计划制订过程，也是战略沟通和系统思考的过程。

三、让员工更有成就感

每个人都喜欢做有趣的事和有价值的事，因此，最好让员工既做他们有兴趣也对公司有意义的事情。但是，企业日常的工作不可能一直有趣，因此要明确工作的价值，以增加员工的内驱力。建立岗位工作与战略的关系，可以让员工感知工作本身的价值。虽然大多数员工在领导面前态度谦卑、工作勤恳，但就本质而言是不喜欢为领导个人工作的，更希望为组织、为团队工作，得到同事的认可。

例如，一位刚过试用期的年轻员工与主管发生冲突，对主管的工作安排混乱大为不满意，特别是主管的工作技能非常欠缺，从来不看电脑，所有资料报告都要打印出来。她对这些工作感到厌烦，打心里就低看这位不能与时俱进的领导，忍无可忍之下说道："我不是为你工作的，我是为这个部门、这个团队的目标工作的。"她的境界比主管高。

其实员工对团队目标的认同和追求是一种朴素的价值渴求。**即使在具体的事务上，员工不仅需要知道如何做，也需知道为什么要这么做。**价值系统的建立，让员工的方向感更强，可以推动员工自我管理、自我提升、自我超越。员工的价值在于支撑团队的目标，团队的价值在于支撑上一级的目标，逐级向上，支撑公司目标。

直接支撑战略指标的岗位就是重要岗位。要让大家养成主动支撑战略的习惯，在价值链上找到自己的位置。**对价值创造要进行量化评估，组织与个人共享价值创造。**很显然，在这种机制下，薪酬结构分为业务线和职能线。

- 在职能线内，按突出业务、突出一线组织、突出策略管理、突出核心职能的原则划分职等，即同样的职级（如专业经理），在不同部门的职等不一样，业务管理的销售管理部职等最高，支持性的人力资源部低一些，后勤的信息部职等最低。
- 同一级的业务单位（如省级公司），按其经营规模和对经营指标的贡献，分为不同的职等。

• 如果在价值链上找不到位置的岗位，就是辅助性岗位，其收入只能与市场劳动力成本接轨，如司机、工团职位。

四、让战略与战术共生

“不谋万世者，不足以谋一时；不谋全局者，不足以谋一域。”短期目标、局部利益要服从长远目标和整体利益，这个道理并不难理解。但在实际工作中，基层员工由于业绩的压力，他们更多关注的是短期目标和本身的局部利益。在战略转化为区域策略的过程中，特别是在竞争中，策略的有效性还没体现的时候，自然而然就会对战略的正确性提出质疑，提出与战略不符的战术。

例如，战略要求是做好消费者的沟通工作，通过各种消费者互动来改变消费者的购买习惯，这是可持续发展的做法。但是，有些业务经理迫于业绩的压力，希望快速拉动销量，于是将原本应该用于消费者促销的费用用于渠道促销，对提货量大的客户进行提货奖励，结果货品压在渠道里，没有形成真正销售，消费者的购买习惯也没有改变。

执行的灵活性可以体现在哪些方面呢？在不改变消费者购买习惯战略方向不变的情况下，采取什么战术来实现呢？完全可以根据各地不同的民风和习惯来设计。有的地方可能喜欢小礼品，有的地方可能喜欢看热闹，有的地方希望绑定特殊服务，因此应该由区域经理选择有效的活动方式。如果上级主管部门为了管理的方便，规定了其中一种活动方式，费用的有效性就会大打折扣。这就是战略与战术的共生，战略正确指导战术，战术有效支撑战略。

3.3 将战略固化到日常管理当中

道不远人，只有让战略深入人心，将战略固化到日常管理当中，才能保证战略的落地。

战略要求不能停留在理念、方向、目标的层面，而应该转变为行动方式和行为标准。管理部门要研究管理方法和开发管理工具，使职能管理模式化，要帮助业务单位提炼简单有效的管理方法，以及通过最佳实践交流，将好的业务手段提炼成业务方法，进行推广。

战略不能只是纸上条文，还要形成有效的业务模式。

通过业务模式的推广，实现战略在业务层面的落地。标准化是让执行变得简单的最好途径，没有标准化的企业做不大，标准化实现了可复制。

有些公司的管理链条是这样的：公司的高层对职能部门的责任人进行管理，职能部门的责任人对职能部门的工作进行管理，职能部门代表公司行使各职能线的管理，对业务单位进行管控和支持。显然，这样的管理系统存在两大问题：

（1）依赖高层协调，很难体现整体性。

（2）职能部门的组织效能未被关注，缺少组织系统的持续优化机制。

宇宙的基本要素就是时间、空间和能量，万千世界正是通过不同的结构呈现出来的。在管理领域，要真正解决问题，一定要在结构上找到原因，并通过结构调整使问题得以真正解决。

企划管理是重要的管理职能，其功能一是推动管理体系的建设，二是推动组织效能的持续提升。很多企业管理不到位，制度形同虚设，或者文件满天飞，都是因为企划功能没有发挥作用所致。

因此，**确实需要一个部门全面审视战略与组织的关系，不但保证条线功能完备，而且要保证系统的整体效率，才能真正实现组织对战略的支撑。**

一、制度化管理：管理原则要明确

所谓管理模式就是管理理念、系统结构、操作方法的组合，用中国的哲学思想来解释，就是明确管理的“道”。如果找到了这个“道”，或者说让这个“道”变清晰，那么管理的方法和工具就可以在这个“道”之下生生不息。

很多民企采用血缘化、亲情化、友情化、随机化的管理模式，但都只能在企业的一定阶段发挥作用，要持续发展的企业必须实现制度化管理。事实上，当前已经有一批进入制度化管理的家族控制企业展现出旺盛的生命力。

企业如何建设管理体系？先要有为员工所理解和接受的管理理念。好的管理理念是有生命力的，如以人为本、科学管理、团队协同等，但这些理念之间既互相支撑又互相排斥，因此要明确核心理念，再把其他理念精准地嫁接进来。一旦企业管理理念深入各级员工的思想中，就会生根发芽，想出很多好的管理方法和工具。如何明确管理理念和管理原则呢？实际上是基于以下问题的回答：

- 更关注长期目标还是短期目标？当两者发生冲突的时候如

何选择？

- 局部利益与整体利益如何自平衡，原则是什么？
- 业务协同的方向是什么？如何体现以市场为导向？
- 对核心价值的态度如何，如质量、成本、客户关系等？

管理系统本身的规划和建设是非常专业化的工作，也是一个不断细化和深入的过程。战略要求和原则是否在管理制度中得以正确地体现，需要有专门的管理职能去监控。

二、好的业务模式要提炼、固化和推广

一线的管理者清楚如何开展业务更有效，但却不懂如何把好的业务模式提炼出来。如何发现和提炼出好的方法并推广应用，是组织协同的重要内容。

青岛啤酒的营销系统在明确了“大系统、小尖刀”的管理模式之后，作为总参谋部，不断深化专业化的管理，而业务单位在职能部门的支持下，不断积累、提炼简单有效的执行办法，使小尖刀的刀法越来越精准。

业务模式就是把市场前端的业务运作相关方的责权利关系固化起来，再通过不断优化，提高效率和工作质量。

提炼业务模式是一个由职能部门推进，充分发挥一线团队积极性的漏斗式筛选过程。通过量化跟踪，发现业务表现好的区域；在发现管理指标和业务结果同步提升的案例之后，对案例进行归类分析，以找出关键影响因素；从案例中找出若干个案例进行深度业务一线研究，从结构、运行机制、绩效机制、制度流程标准、思想观念转变等进行分析，找到可操作的办法；对于因果

关系确定、推进有效的办法，转化为系统标准，在系统中固化下来（如图3－1所示）。

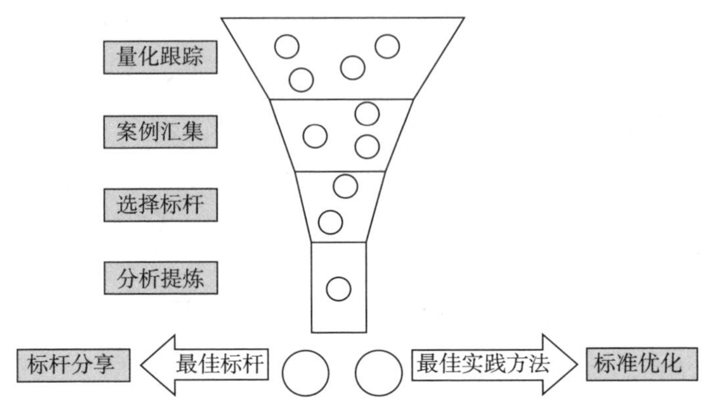

图3－1　提炼业务模式

三、创新执行

创新力、品牌和稀缺资源是企业最有价值的财富。创新不仅仅是产品的创新，企业经营的方方面面都需要持续不断的创新。没有创新力，再好的战略也会腐朽。

中型企业可以在机制创新上做很多文章，如分配机制、激励机制，只要是有利于调动个人积极性、提高组织活力、增加学习热情、与经营理念相吻合的方式都可以尝试和突破。

业务创新则需要在正确理解战略的基础上，利用社会资源，锁定客户，提高客户感受。

第四章
用数字说话

有人说，很多东西都是难以定量描述的，但只要细分下去，必定可以找到量化的方法。

古人说“格物致知”，这是儒家思想中的一个重要概念。最直观的理解就是：要深入了解事物，就要多维度、分类分级地剖析，就像用格子一块块地分开，逐个深入了解。

比如，当一枚绣花针掉到地上，如何找呢？严谨的德国人采取的办法就是先在地上划个九宫格，然后逐个地找，找遍一个排除一个，最终一定能够找到。

比如，对人如何了解呢？可以按年龄段、性别、文化水平、种族、地域等去进行分析，这样就可以掌握全面的知识。当然“格物致知”也可以从人格修养的角度去理解，就是塑造品格以致良知。

人类认识自然是一个从粗到细、从模糊到清晰的过程。

比如，我们要争行业第一的地位，如果不去量化，可能是一个比较模糊的概念，但要认真起来就可以拿出几个指标：销售收入第一，净利润第一，销量第一，增长速度第一，品牌价值第一，投资回报率第一等。在若干个重要指标中，你占有第一的指标越多，那这个第一的含金量就越高。

战略管理同样需量化管理，必须通过对关键指标的跟踪，评估政策实施的情况，并对战略执行进行系统的回顾。

4.1 找到支撑战略实现的关键要素

如何找到战略要素之间的强支撑，并找到战略实施的路径？

战略地图是思考和梳理战略要素的工具，建立财务、客户、内部流程和学习成长四个视角战略要素的逻辑关系，以实现全局均衡、资源聚焦、行动一致。对于没有做过规范战略规划的企业，也可以利用战略地图来理清管理思路，并将这种方法运用到各级管理中去。

图4－1是一家中型服装企业的战略地图。

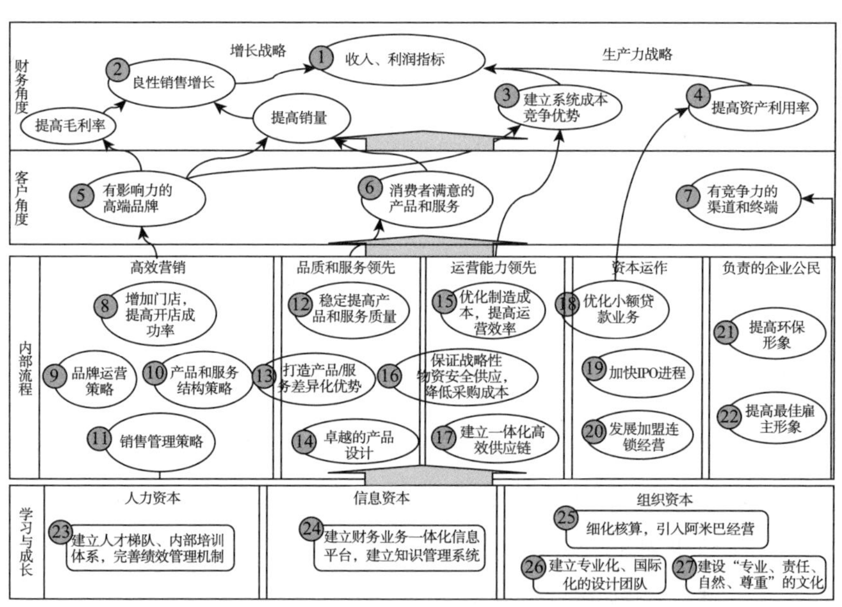

图4－1 一家中型服装企业的战略地图

其基本逻辑是：

（1）从实现良性销售增长、建立系统成本优势、提高资产利用率三个方面实现收入和利润增长的总目标。这样一个基本定位既体现行业特点，也结合了企业自身固定投资偏大、管理精细化不足、盈利能力弱的实际情况。

（2）从顾客和市场的角度看，最重要的是品牌影响力、品质服务和渠道三大要素。当前的短板在渠道，必须依靠有竞争力的渠道和终端，产品和服务才能到达客户。

（3）以实现顾客价值和财务目标为目的，对内部流程进行优化，从五个方面入手：高效营销、质量和服务领先、运营能力领先、资本运营、负责的企业公民。对于每一个方面，都要确定战略举措，成为未来企业能力培育的方向。

例如，高效营销的重要举措有四项：

● 增加门店，提高开店的成功率，只有通过门店展示才能提高服装的品牌地位。

● 好的品牌是运作出来的，必须提高品牌运营策略的水平，必须通过优化运营策略来提高品牌的投入产出比。

● 产品和服务的结构策略对服装企业尤为最要，必须持续调整适销对路的产品和服务，对市场的敏感性要求很高。

● 通过销售管理，实现渠道、品牌、产品要素组合的最优。

（4）在学习和成长视角，体现的是组织为了在未来竞争中的胜出，通过学习和能力培育，实现体系竞争力的提升，特别关注经营机制、文化建设、人才培育、知识管理、设计团队的发展。

不仅是战略要素之间有逻辑关系，指标之间也有逻辑关系。所以，不但要关注总体经营指标的结果，还要关注每一项指标的内在结构是否与战略目标一致。

比如，营业收入的结构是不是主要来自战略性产品，是不是来自重点市场，是不是来自重要客户，以及收入与费用投入的关系如何，只有结构化的数据才能评估策略的有效性。

从图 4－1 可以看到，该服装企业确定了 27 个战略要素，其中每一个战略要素都可以用指标来描述和衡量。

比如，对于第 13 个要素“打造产品/服务差异化优势”，企业围绕“休闲男装”的市场定位和“关爱”的品牌诉求来展开，选用了四个指标（如表 4－1 所示）：

表 4－1　打造产品/服务差异化优势的四个指标

战略要素	衡量指标	上年目标值	本年目标值	战略举措
打造产品/服务差异化优势	新品推出周期（从概念到上架）	60 天	50 天	1. 缩短设计时间 3 天 2. 缩短生产时间 5 天 3. 缩短物流时间 2 天
	新品开发成功率（单品首季销量 2 万件）	30%	35%	建立市场分析、产品设计、店面促销设计的信息化协同平台
	重复购买率（专卖店会员卡数据）	10%	12%	
	女士购买率（专卖店统计数据）	20%	25%	

每一个要素都需要多少个指标呢？当然是越清晰、越少越好！但这个清晰过程是一个实践认识的深入过程，也是企业管理基础不断夯实的过程。一开始未必能抓得那么准，怎么办？有一个偷懒的办法，就是参照标杆企业的指标库。

实际情况是，对于比较概念化的要素，需要用多个指标。如果需要多个指标且指标的采集比较困难，应该以可操作为原则，先抓住可控指标，建立跟踪指标，逐步发现指标与结果之间的相关性。

任何一个概念，只要深入细分下去，都是可以找到量化指标的。

例如，织布机的客户价值是一个很大的概念，即客户对价值的关注点特别多。但是，只要梳理，就可以将这些点找出来，如图 4 –2 所示。

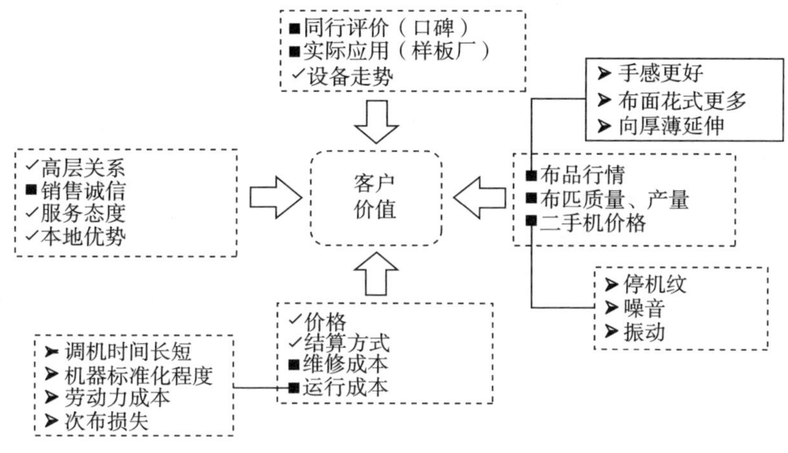

图 4 –2　客户价值细分

从图 4 –2 可以看到，用户在做购买决策时，受四个方面因素的影响：

(1) 产品的信誉和形象。

(2) 产品使用过程中的价值创造和处置回收价值。

(3) 产品价格及使用成本。

(4) 双方的人际关系和服务水平。

对这四个方面还可以进一步分解下去，如使用成本可以分为维修成本和运行成本，而运行成本也是由多个方面构成：调机时间的长短、机器标准化程度、劳动力占用、次品造成的损失。

这种梳理是一个演绎的过程，只要发动群众，利用集体的智慧就可以做到。但这还不够，还必须能够从这些指标中找出关键指标，以保证在资源制约的条件下，抓住主要矛盾，提高资源效率。而且，这些指标的重要性也是受市场环境影响的，如在市场快速增长时期，停机时间的长短成为顾客关注的主要指标，当市场增长放缓，下游顾客对产品的多样化需求增加，则织布机可织出的布面花式多少又成为客户价值的主要指标。

需要注意的是，从财务、客户、内部流程、学习成长梳理战略要素的次序，并不是战略思考的次序。**战略思考的次序是按外部环境分析、内部能力分析、战略选择、核心能力建设的次序来进行的。**

在公司的战略意图、战略目标、战略路径不清晰的情况下，是难以进行公司战略地图梳理的。但是，对于职能部门而言，则可以在公司战略的指导下，利用战略地图这个工具直接进行部门级战略地图的梳理。

图4－3是某快消品企业物流部门的战略地图。在公司一体化运营的战略思想指导下，以供应链效益最大化为主线，不断完善平衡产销、快速反应市场的供应链系统。

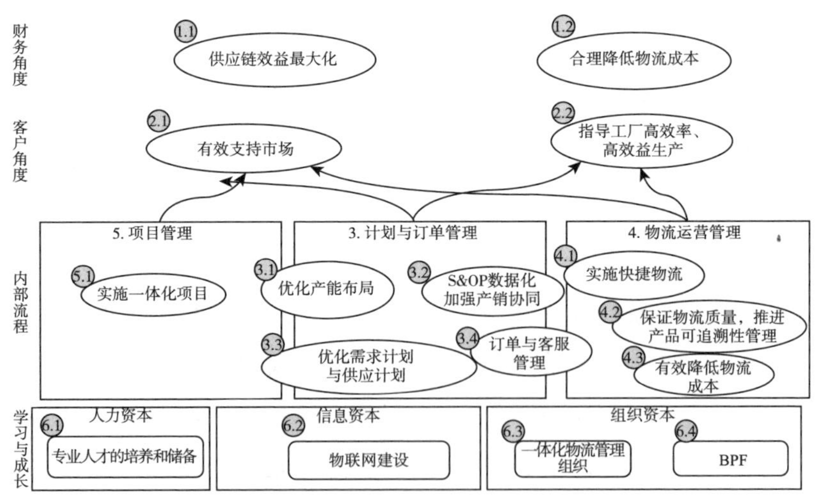

图4－3　某快消品企业物流部门的战略地图

4.2 落实到职能部门：用指标代替指示

梳理战略管控指标后，要将其落实到相关职能部门，才可以实现战略的可量化、可管理。具体步骤是：

（1）梳理出公司层面的战略指标体系。

所谓体系，就是指标之间有机关联，在指标值的设置上追求总体最优，如关注成本与质量的平衡、速度与风险的平衡、能力与目标的平衡。

（2）将指标落实到职能部门。

如人力成本投入产出率指标由人力资源部负责，品牌价值指标由品牌管理部门负责，物流成本指标由物流部门负责，资产周转率由财务部门负责。但这些指标的达成并不是责任部门本身能够完成的，而是需要各职能部门围绕这些战略指标建立管理体系，衍生出相关的管理指标。

（3）职能部门将管理指标进行横向和纵向分解，保证指标的可得性。

需要注意的是，指标是一层层向下转化的，并不是简单地一层层向下分解的。例如，要降低人员流失率，不能简单地把流失率分配到下一级单位，而应该分析导致人员流失的主要原因，制订相应的管理办法，通过管理指标的优化，降低人员流失率。降低人员流失率的管理指标包括员工培训人均时数、员工日常投诉问题的处决率等。

下面举几个例子说明指标的分解和设置。

例 1：财务指标的分解

财务指标是公司的经营结果，其实是不能直接分解的。

有些企业搞开源节流的时候，将增收和节约指标直接分到各部门和单位，看似达到了节约的目标，但违背了组织总体利润最大化的原则。

如果要节约，首先要将一些不必要的活动停止，然后才是提高资金的使用效率。有一些费用本身就不合理，对于使用目的不明确的费用额度，如接待费、通信费等，则可以直接裁减。大部分财务指标要通过优化运营效率来实现，需要转化为各业务单位和部门的效率指标来进行管理。

建立内部市场机制是提高组织效率的一个有效办法。通过细化内部核算，可以逐级向下建立虚拟的利润中心和成本中心，让每一个业务单元和成本中心可以直接快速地了解投入产出的关系，在价值链上创造价值。

例 2：以消费者为中心构建价值链，以价值贡献为目标设置管理指标

如果渠道客户是价值链上最终的服务对象，则改进服务态度和提高服务质量就可以提高客户满意度。

但对于以消费者为中心的服务系统，渠道客户并不是我们最终的服务对象，他们也是整个价值链的一环，是共同为消费者创造价值的战友，所以**我们的工作不是让经销商满意，而要使经销商让我们满意，**以实现供应链的高效。在运营过程中，我们的经销商可能很痛苦，但我们能让他们赚钱，这才是真正的共赢。

必须明确在整个价值链中，谁是市场竞争的基本业务单元，然后整个后台和价值链应该是为它服务，让这个基本业务单元的战斗力更强。

例 3：职能的绩效指标

职能部门虽然没有直接对经营结果负责，但其往往掌握资源，其管理和服务水平对前端业务有重大影响。因此，必须要让职能部门的绩效与公司的经营结果挂钩，而且职能管理指标中要有重要的业务指标。

对于矩阵式管理，指标要包含直线职能指标、流程指标和项目管理指标。直线职能指标包括职责范围内的管理指标和服务指标，如人力资源部的招聘到位率、培训合格率；流程指标包括流程处理平均时间、差错率、下游客户满意度；项目管理指标则是由项目经理对项目成员进行评价，如工作效率和质量、创新能力等。

4.3 指标库与 KPI

管理就是管事和理人。事情做得怎么样，是可以用数字来衡量的。我们经常所说的“数字会说话”，“有图有真相”，“一线抵万言”，是需要进行长期的数据积累才能做到的。

一、如何建立指标库与 KPI

通常指标设计分为三种类型：

数值指标：可以直接量化，如销量、销售收入、利润、增长率、占有率等。

对比指标：通过两组数据的对比计算后得到，衡量工作完成和达标的比例，如合格率、达标率、完成率等。

设定指标：缺少量化数据的情况下，可以事先设定工作达到一定程度后转化为某个数据值，如工作完成一半得 5 分等。

如果觉得指标设置困难，也可以借鉴标杆企业的指标库，这样缩短摸索的时间。任何指标都需要长期积累、检验、分析，成熟稳定之后才能应用于绩效。当我们从成熟的指标中抽出若干个重要的指标（如与战略相关的）纳入绩效考核时，就成为关键绩效指标（KPI）。

表 4－2 是一家快消品企业销售部的指标库，既有结果性指标，也有过程性指标，而且还有衡量工作进度的系统建设指标。

对于衡量工作进度的指标，可以约定阶段里程碑，设定各个点上的分值，以达到量化的目的。

表 4－2　××公司销售部指标库

维度	关键因素	指标	指标描述/标准
财务	销量	总销量	当期总销量
		重点经销商销量	当期重点经销商总销量
		KA（或指定渠道）销量	当期指定渠道总销量
		人均销售收入增长率	（当期人均销量－上期人均销量）/上期人均销量×100%
		特定品牌销量	当期特定品牌销量
		A 产品销量（重要产品）	当期 A 产品销量
		总销量目标完成率	当期总销量/当期目标总销量×100%
	销售收入	主营业务收入	当期主营业务收入
		××品牌收入	当期××品牌营业收入
		A 产品收入	当期 A 产品营业收入
	净利润	利润总额	当期利润总额
		利润增长率	（当期利润－上期利润）/上期利润×100%
		KA（或指定渠道）利润	当期指标渠道利润总额
		××品牌净利润	当期××品牌实现净利润
		A 产品净利润	当期 A 产品实现净利润
		重要区域净利润	当期指定重要区域实现净利润
	成本费用	主营业务收入促销费用率	促销费用（含折扣）/折扣前主营业务收入
		千升产品促销费用	当期促销费用/当期产品销量（千升）
		销售运行费用总额	当期营销系统销售运行费用总额
		促销品采购成本	当期促销品采购成本
客户	××品牌的持续成长	××品牌第一提及率	数据来源：专业公司提供
		新产品推广项目目标达成率	根据新产品推广目标进行针对性考核

续表

维度	关键因素	指标	指标描述/标准
客户	××品牌的持续成长	客户满意度	数据来源：客户满意度调查数据
		特定品牌/品种销量占比	当期特定品牌（或品种）销量/当期总销量×100%
	建立完善渠道组织，改进经销商网络	重点经销商数量增长率	（当期重点经销商数量－上期重点经销商数量）/上期重点经销商数×100%
		新增重点经销商数量目标达成率	当期新增重点经销商数量/当期目标增加重点经销商数量×100%
		经销商随机检验合格率	当期随机检验合格经销商数/当期随机检验经销商数×100%
		经销商网络（终端）覆盖率	经销商网络已经覆盖的终端数量/全部终端数量×100%
		经销商星级升级率	（当期指定级别经销商数量－上期同一级别经销商数量）/当期经销商总数×100%
		重点经销商销量占比	当期重点经销商销量/当期总销量×100%
		渠道建设达成率	指定渠道当期销量/指定渠道目标销量×100%
		渠道区域覆盖率	当期渠道覆盖区域/渠道计划覆盖区域×100%
		规模渠道占比	当期达到指定销量的渠道数量/渠道总数量×100%
	推进办事处运营	综合市场占有率	当期总销量/当期同类产品市场销售总量×100%
		高档市场占有率	当期高档产品销量/当期同一市场高档产品销售总量×100%
		细分市场占有率	当期指定品种（品类）产品销量/当期同一市场同一品种（品类）产品销售总量×100%
		占有率提升百分比	（当期占有率－上期占有率）/上期占有率×100%
		销售网络铺货率	铺货率广度＝销售终端/全部终端数量×100%（铺货率深度＝本公司产品单店销售额/单店同品类销售额×100%）
		达到指定规模终端比例	当期达到指定销量的终端数量/已覆盖终端总数量×100%

续表

维度	关键因素	指标	指标描述/标准
客户	推进办事处运营	低档市场占有率	当期低档产品销量/当期同一市场低档产品销售总量×100%
		完美终端比例	当期完美终端数量/已覆盖终端总数量×100%
		特定品牌覆盖率	当期特定品牌终端数量/全部终端数量×100%
		活跃终端比例	当期活跃终端数量/已覆盖终端总数量×100%
		产品铺货率	指定产品销售终端数量/全部终端数量×100%
		空白市场转化数量	当期空白市场升级数量
		有效终端比例	当期有效终端数量/已覆盖终端总数量×100%
内部运营	专业化销售运营	大客户管理体系建设	按定性指标计算方式进行考核
		大客户信息完备率	已建立完整信息备案大客户数量/现有大客户数量×100%
		大客户发展激励机制	按定性指标计算方式进行考核
		大客户发展培训基地建设	按定性指标计算方式进行考核
		销量计划准确率	（当期销售数量－计划销售数量）/计划销售数量×100%
		销售计划达成率	当期销售数量/当期计划销售数量×100%
		销售计划的计划、回顾与改进监督	按定性指标计算方式进行考核
		销售计划预测管理体系	按定性指标计算方式进行考核
		价格分析体系的执行	按定性指标计算方式进行考核
		价格数据库更新及时率（天/次）	当期天数/（当期各区域执行价格数据更新次数/区域数量）
		跨区冲货管理	当期查处跨区冲货次数
		促销方案的计划、回顾与改进监督	按定性指标计算方式进行考核
		产品上市方案的计划、回顾与改进监督	按定性指标计算方式进行考核
		产品上市计划达成率	根据产品上市目标进行针对性考核
		终端协同拜访率	当期拜访终端数量/已覆盖的终端数量×100%

续表

维度	关键因素	指标	指标描述/标准
内部运营	专业化职能管理平台	按计划进行的体系的覆盖率	当期推进的体系建设项目/当期计划进行的体系建设项目×100%
		已推进体系的完备性	当期达到要求的体系建设项目/当期推进的体系建设项目×100%
		在运行体系的执行情况	当期未按体系、制度、流程、方法、工具要求执行的次数
		管理体系审计整改完成率	当期按审计结果完成整改项目数量/计划完成整改项目数量×100%
		部门战略指标体系时钟节点的执行	按定性指标计算方式进行考核
		部门计划执行有效性	当期抽查有效执行计划项目/当期抽查计划项目×100%
		三级计划跟踪检查频率	当期三级计划跟踪检查次数/当期计划跟踪检查次数×100%
		部门计划回顾与执行跟踪(选取重点项目考核)	当期（重点项目）按计划执行阶段点（里程碑）/当期（重点项目）计划包含阶段点（里程碑）×100%
		与省级机构的工作协同配合	数据来源：省级销售机构对职能部门满意度调查问卷
学习发展	技能培训、知识管理	部门培训计划制订的及时性和质量	按定性指标计算方式进行考核
		部门员工培训参加率	当期参加培训人数/期末员工人数×100%
		部门培训计划完成率	当期实际完成的培训课时数/计划培训课时数
		部门内培训师人数	当期培训师人数
	建立有强势进攻能力的市场开发团队	部门人力资源规划执行	按定性指标计算方式进行考核
		部门人力资源规划准确率	当期全部（指定岗位）编制人数/人力资源规划编制人数×100%
		界定职责，划分部门内各岗位职责及权限	按定性指标计算方式进行考核

续表

维度	关键因素	指标	指标描述/标准
学习发展	建立有强势进攻能力的市场开发团队	部门内绩效考核执行	按定性指标计算方式进行考核
		部门内关键岗位人员流失率	当期离职关键人员数量/当期关键人员数量×100%
		部门内员工满意度	数据来源：员工满意度调查数据（部门员工对工作环境、工作安排、工作交流等方面的综合满意程度）
	信息系统管理	部门信息系统搭建计划执行	按定性指标计算方式进行考核
		部门信息系统覆盖率	截至期末信息系统完成模块数量/信息系统模块数量×100%
		信息数据维护完整率	截至期末信息系统无错漏录入数据接口数量/本部门信息数据接口总数量×100%

有了管理指标做基础，就可以向量化管理方向迈进。战略管理是一个系统工程，其本质是对战略执行过程进行持续的回顾，所回顾的内容就是管理的过程指标。只有建立了管理的指标体系，战略管理才有抓手。

指标系统的建设是一个循序渐进、不断完善的过程。从两个方向来建设：一是从战略自上而下地梳理，二是管理的不断细化和完善。指标系统自上而下分为公司战略指标、部门级指标和管理岗位指标，下一级指标必须支撑上一级指标。从管理细化的过程来看，先有指标库，从指标库中有重点地选择部分指标作为跟踪指标，待跟踪指标成熟后，再纳入 KPI 指标与绩效挂钩，以保证指标的可采集、可控制、可跟踪。具体如图 4-4 所示。

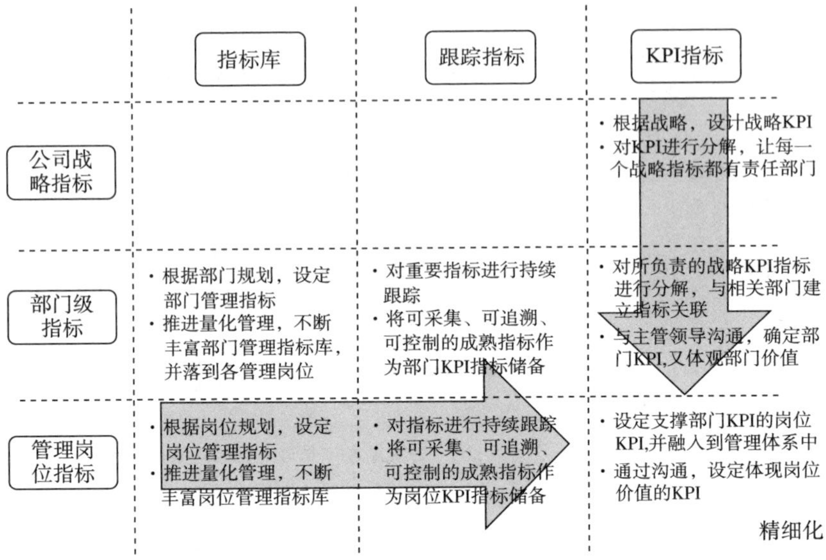

图 4－4　指标系统的建设

二、KPI 体系建设需要注意的问题

在 KPI 体系建设过程中，要注意三个问题。

（一）培养用数字说话的习惯

用数字说话应该成为企业文化。数字化管理不是一个技术问题，不是这个数字能不能找到、是否准确的问题，而是敢不敢面对这个数字的问题。**有些中国人首先考虑的是面子上能否过得去，不肯直面现实。**

有一次一位企业的总经理跟我说："对员工业绩进行排序在我们这里行不通，排名靠后的员工不等我们淘汰，他就辞职走了，我们招人本来就不容易。"其实这恰恰反映了数字化的威力。

领导风格有多种，在团队规模小的时候，管理者完全可以率性地发挥个人的领导魅力。但是当企业规模大了以后，部门与部门、人与人之间就需要以标准来结合和协同，用数字说话就是必然。“韩信点兵——多多益善”，为什么？因为韩信懂得标准化的管理，而刘邦是感性地带团队，反而不擅长指挥大规模作战。

（二）精心选择 KPI

从管理数据中选出采集容易、管理者可控、真实反映管理水平的指标，纳入绩效考核就成了 KPI 指标。KPI 指标不要太多，每个管理岗位 3 ~5 个即可。条件不成熟时，宁缺毋滥。还要注意指标之间的制衡，一个优秀的系统是由相互制衡的指标支撑起来的。

例如，为了控制人力成本，可以在人力资源管理中设立人均劳动投入产出比这一指标。但是，如果人力资源部门从本位主义出发，一味地控制在岗人员，那么业务单位的基础工作就没人支撑了。所以还需要在人力资源管理中加入另一个 KPI 指标——人员满编率。

（三）细化工作职责

不要留下管理死角。一般情况下，公司的职责落到了部门，部门将大部分责任落到各个岗位。但往往有很多发生频率比较低的工作没有落到岗位，造成这种情况的原因有两个方面，一是因为有些职能涉及的层次比较高，部门领导就自己承担了；二是由于人员的变动、职能调整，使得一些职能没有人承接。**这些没有具体岗位承接的职能，工作缺少连贯性，也没有信息和数据的积**

累，不但使管理无法提升，还容易积累问题。

例如，对于危机处理，发生的频率并不高，不一定需要建立完善的公关危机处理流程，但必须要指定该职能的责任人，建立应急机制，制定处理预案。

4.4 建立高效的 IT 平台

没有 IT 平台的支撑，过程管理就难以实现，远距离协同、知识管理、快速决策就很难实现。互联网和信息化已经进入生活的每一个角落，没有信息系统的支撑，管理的精细化和经营的决策效率都难以适应市场竞争的需要。

比如，营销费用对很多企业来说都是一个庞大的开支。由于涉及面太广和环节太多，很难进行管理，于是很多企业采取包干和硬性管理的办法，但效果并不理想。更为可怕的是，费用还在不断膨胀，市场竞争力却在下降，这令老板们头疼不已。

集中表现为以下几个问题：

（1）**费有的目的性不明确**。哪些费用是必需的？哪些费用是最有效的？并不清楚，每年的预算只是按照旧的销售政策把费用分解下去，套一句老话就是“太公分猪肉——人人有一份”，却又到处喊叫费用不足。费用的战略目标不明确，费用的价值就无从谈起。

（2）**费用的审批环节多**。对于先审批后使用模式，常常因为审批不及时，影响费用的时效性，降低了费用使用效率，有的造成基层业务单位和渠道商反感和抵触，甚至出现权力寻租的现象。一句话，“花了钱，办坏事”。如果是先使用后审批的模式，又容易造成费用失控，钱早就花了，只是没有在公司的账面上反映出来。

（3）**费用的真实性成问题。**虽然营销费用规定由总部控制，但实际执行不可能都由总部来实施。实施的过程就是资源的使用过程，其中有很大的弹性空间，如何保证按质按量做好，是一项繁重的工作。

（4）**策略的有效性问题。**开始规定的费用投放有没有收到预期的效果？是不是销售数字向好就说明没问题呢？事实上并非如此，没有空间分布和时间分布的总数据，完全不足以说明市场的情况。

对于预算不精细、流程效率低、信息不透明、分析不系统这四个方面的问题，必须通过建立财务业务一体化的 IT 系统来解决。

第五章
用策略转化战略

战略体系包括公司战略、业务战略和职能战略。对于业务单一的公司来说，不需要进行业务选择，因此其战略体系由公司战略和职能战略构成。那么，公司战略与职能战略是如何打通的呢？

首先就是打通公司战略与营销战略的对接。

营销战略属于职能战略范畴，但通常被作为公司战略的重要内容来考虑。因为营销是经营的龙头，其他部门和单位都要围绕营销规划的内容来做好本部门职能的年度规划。如何实现营销战略对公司战略的承接？如何实现各职能部门的规划与营销规划的对接呢？关键之处就是要有一个细致、深入的沟通过程。

因此，**每年年底，企业高层和职能部门领导应花几天时间，待在一个安静的地方，一起耐心地整体思考下一年度的工作，把重点工作逐项逐条梳理出来。**工作之间相互支撑，从目标和任务出发，有结构、有层次地安排好，才能真正做到战略执行的一致性。在梳理完公司经营策略和重要行动后，各职能部门还要与业务部门讨论，将公司策略转化为一线的业务策略，这样才能将策略融入经营活动之中。

企业必须要有营销规划能力。很多企业之所以销售不振，就是因为营销规划能力不强，主要依靠销售团队的个人能力。在企业的规模不大，市场竞争度还不高的阶段，依靠个人是没有问题的，一旦进入淘汰阶段，弊端就显现出来了：

（1）偏好捕捉机会。**名为以市场为导向，实为被市场牵着鼻子走，**结果是产品越来越多，毛利越来越低，服务质量因工作量越来越大而下降。

（2）客户的需求升级。老用户对我们的品牌不满，而我们的产品升级没有跟上客户的要求。

（3）渠道的忠诚度下降，开发新客户成为营销的主要工作。

（4）销售能力不强，根在营销规划能力不强，还停留在做销售、做产品、做服务的水平上。

要扭转营销的被动局面，必须从做销售转向做市场，不仅有产品更要有品牌，不只关注销量更要形成竞争优势。

要做好营销规划，首先要从以下方面思考清楚：

（1）认清市场的发展趋势：产品趋势、消费形态、竞争格局变化。

（2）准确分析竞争态势：优势区域消长，产品力的变化，渠道力的变化，品牌力的变化。

（3）制订竞争策略：市场分类和突破重点，产品创新和产品定位，业务模式调整和资源配置原则，渠道策略和社会资源整合等。

可能有人认为，营销规划是营销部门的事，其实营销战略规划的内容都是公司的重大决策内容，不仅涉及面大，而且要有连贯性。

5.1 让职能规划也以业务为导向

长期以来，职能部门都是以管理领域来划分的，很容易形成一个自我生长的系统，与业务脱节。为了防止职能的自我膨胀，各职能部门在进行职能规划时，不但要准确理解公司战略，还要深入业务一线，了解业务到底需要得到哪些支持。以业务为导向不是口号，应该在规划中实实在在地得以体现。

例如，各业务单位的人才招聘比较困难，那么人力资源部就可以将建立统一的人员招聘平台作为部门的战略举措。

例如，A公司提出“做精做强、客户深耕”的战略思想，客服管理部门制定了优化服务的方案，要求主动为客户着想，服务品质要高于客户的期待，提出“6星级服务”的口号。但实际情况是，基层业务单位本来就人手不足，而且前期业务还遗留了大量的问题，已经造成现有资源难以覆盖客户需求局面，基层业务人员甚至出现“见到客户绕着走”的情况。

为什么会出现这种情况？**根源在于责任体系不合理。**在内部独立核算的模式下，基层单位必然会考虑资源的投入产出，以及短期目标如何达成的问题，因此，战略如何上下打通成了一个头痛的问题。

问题的核心是资源配置。提高服务水平需要资源投入，对于基层业务单位来说，如果总部没有资源投入，必然会从实现当期的经营指标出发，以短期最优为原则来配置资源。这样，“6星级服务”的战略举措就很难落地。从总部职能部门的角度来看，公司战略是正确的，客服部门的职能战略也是符合逻辑的，要求业务单位严格执行也是理所当然的。

面对这样的冲突，有人提出这样的解决方案：建立统一的服务平台，为客户提供400专线服务，一般问题在线上解决，复杂问题调配各区域业务单位人员解决。

表面上看问题迎刃而解，皆大欢喜，但实际上问题远没有得到解决，因为又引出了两个新问题：一是这样的服务安排，资源利用效率是不是最高？二是当问题比较复杂时，需要进行人手调配，如果产生冲突，又如何解决？承诺的服务响应速度如何保证？

以上案例揭示了战略落地的核心问题：**如何平衡短期利益与长期利益？**如何结合区域业务与总部职能的诉求？

什么是业务导向？意思大家都能理解，但要真正体现在组织系统建设中并不容易，下面以构建采购品分类体系的案例来说明。

在采购管理中，如果单纯从管控的角度考虑，往往是直接采用招标、定向采购、询价等采购方式，即可以达到控制采购结果的目的。但如果要实现业务的持续优化，就必须要从业务效率提升、采购安全、成本优化来全方位考虑，就需要建立专业化的战略性采购管理体系。首先就是进行采购品的分类分级，在这里，如何分类就可以看出有没有业务导向。

以下是以方便业务运行和战略管控为原则的分级分类管理办法。

基于业务效率和保证质量的需要，对采购品进行分类分级。如某公司将全部采购品分三级：一级类15个，二级类52个，三级类295个。

基于管理的专业性，确定一级类的采购归口管理部门。

基于采购的集约程度，确定二级类的采购模式（统采/片采/地采），并基于采购金额和市场复杂程度，确定二级类的采购定位类型，即对二级类采购品进行定位（战略型/瓶颈型/杠杆型/次要型），目的是确定在采购执行时，对价格、质量、安全性等要素的排序和平衡。

针对定位类型，在三级类上确定典型的采购方式，如招标、询价、定向询价等。如对于瓶颈型采购品，再考虑哪些以询价方式、哪些以定向采购方式执行。

这样的分类分级管理的思路，才真正体现了业务导向和战略性思考。

一、年度目标与区域布局的对接

不同的行业，在规划过程中对要素的侧重点不一样。

对于机械制造业或者是高价值产品，产品的竞争力占主导地位，在进行营销规划时，会首先突出产品，将目标定为占据某一细分市场或在某一区域取得主导地位，以体现产品的竞争优势。因此，在进行年度目标安排和资源分配时，一定要有清晰的区域布局和抢占细分市场的概念。

对于快速消费品，更注重市场份额和市场的整体优势，市场开发就成为业务规划的主要出发点。因此，需要根据本身市场开发的特点，对市场发展进行阶段划分，为制订市场策略做好准备。在进行市场发展分析时，可以从市场增长率和市场占有率两个维度来对市场所处的发展阶段进行划分。针对不同的市场发展阶段，确定不同的市场目标，制订相应的市场发展策略。具体如图 5－1 所示。

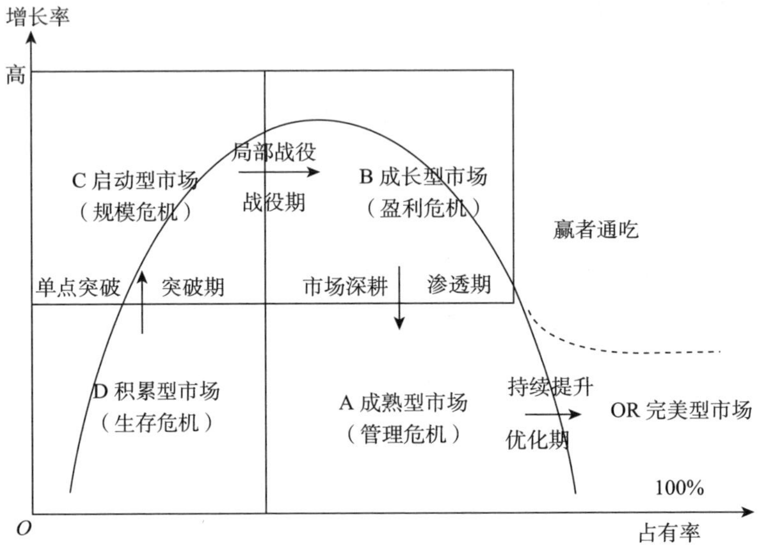

图 5－1　市场发展阶段

积累型市场。一个品牌进入一个新市场，首先要解决的是生存问题。由于市场占有率低，几乎没有效益，必须小心翼翼地一点点做，我们称之为积累型市场。这个过程有长有短，与市场操作手法和资源投入力度有关。也许基于企业通盘的战略考虑，一段时间之后就撤退了。

启动型市场。经过第一阶段的积累，品牌有了一定知名度，厂家也掌握了市场规律，就可以寻找突破口实现市场突破，在某些小的区域或某些单品取得主导地位，于是进入了启动型市场。

战役期。第二阶段市场的特点是市场取得了突破，市场份额进一步提升，已经取得老二、老三的市场地位。这个时候，肯定引起竞争对手的高度关注，对方随之出台反制措施，并形成僵持。决战很快就会到来，但不是一战定江山，可能是一场拉锯战，是一个战斗组合，也可以称为进入战役期。

由于这一时期需要巨大的资源投入，需要总部进行战役市场决策，需要为战役市场配置充足资源并建立快速资源配置机制。对一个企业或其下属机构，需要非常有针对性地确定战役市场，切不可把战线拉得太长。

（一）基地市场策略（成熟型市场）

基地市场就是取得了主导权并计划长期保有的市场，具体的定义可由企业来自行描述和明确划分标准。基地市场是一个相对的概念，从全国来看，某些省是基地市场；从一个省来看，某个城市是基地市场；即使在更小的区域，也可以确定基地市场。**基地市场策略的本质是有重点、可积累。**

基地市场当然是高市场占有率，而且市场增长已经放缓，是一个成熟型市场。每一家快速消费品企业都希望建立更多的基地市场，实现垄断和控盘。

所谓市场运作，就是一步一步地将空白市场发展成为高占有率市场，而在这个过程中，必须由点突破，再由点到线，由线到面，由小区域到大区域，由一个省到多个省连成一片。

因此，基地市场策略包含以下几个概念：

（1）确立基地市场意识，明确基地市场的划分标准。

（2）在各个层次上确定基地市场的位置和建设目标。

（3）将基地市场的建设作为市场发展的手段。

（二）战役市场策略

市场的发展要经历一定的过程，可以将市场发展阶段划分为四个阶段：生存阶段、发展阶段、成熟阶段和衰落阶段。生存阶段的市场经历了一定时间的积淀之后，逐步取得发展，条件成熟时，可以发动进攻，以实现市场的突破。根据“进攻方的战力投入要大于防御方”的原理，需要配置充分的资源和精心组织，以确保一举成功，取得局部市场优势。选哪个省、哪个城市作为战役市场，要纳入公司高层决策范围。一旦确定了战役市场，各职能部门就要全力跟进，加大在战役市场的资源投入。

（三）战略发展市场策略

对于一般的尚处于生存阶段的市场，公司通常按一定的资源政策，放手由区域经理运作。但还有另外一类市场，长远来看对公司的发展非常重要，必须拿下，成为未来的基地市场，这就是战略发展市场，即具有战略发展意义的市场。对于这类市场，一开始就应该有一定的政策倾斜，操作过程也要稳打稳扎，确保市场稳步发展。

二、产品结构与市场机会的对接

市场机会很多，但机会可能也是陷阱。常见的现象是公司的产品非常多，却没有卖得好的主打产品，这种状况是怎么造成的呢？原因通常是销售人员在市场上面对竞争的压力，认为根本原因是产品力不够强，回过头来要求公司开发新产品。还有一种情况，就是经销商为了与其他产品区隔，便于市场运作，倒逼厂家开发新品种（通常只是包装形式的不同）。这些情形，都是企业缺少战略思想的表现。

（一）主打产品策略

主打产品就是承担了盈利或放量使命的产品。供应链的效率与产品批量的大小、计划的准确性和提前时间量有关。如果只能按需生产，则每一个环节都不敢备太多的货，就难以实现大批量采购，也就难以获得大批量采购的折价。企业根据市场的竞争情况和自身的产品定位，科学地设置产品线，并将一两个重点产品培育成主打产品，就可以使供应链的运行更为顺畅。

（二）培育战略性产品策略

主打产品的培育需要一个过程，一般情况下，新产品推出之后，价格会逐步走低。特别是走量的主打产品，一般不敢贸然提价，只能以推出新产品作为提价的主要手段。成功的企业都是不断推出新产品、不断增加客户价值、不断增加收入，但无论如何，要谨记形成主打产品的主线，每一代都要形成主打产品。一旦主打产品消失，企业的经营效率就会快速下降，消费者也会忘记企业的特点。

（三）新产品成功率策略

对于一个企业来说，开发新产品是非常重大的经营决策。有的企业会因为新产品没有达到预期效果而使经营陷入困境。在产品、品牌、促销三大要素中，产品本身的作用超过50%，也就是说，如果产品不成功，营销的招数再多，也不可能成功。新产品开发是非常严谨的工作，从创意到概念、从方案到样品、从测试到上市，都要精益求精。除非市场已经控盘，否则将未成功的产品推向市场会得不偿失。当然，如果是装备类产品，与客户共同开发又另当别论。

（四）战术产品策略

战术产品就是为达成战术目标而局部投放的产品，通常是为了扰乱对手的价格体系。战术产品价格的调整可以较为灵活，但一定要防止其对主打产品价格体系的冲击。

5.2 精准营销

营销费用的投入产出关系受很多因素的影响，而且市场是多方博弈的。有买卖双方的博弈，有竞争对手之间的博弈，有品牌商与渠道商的博弈，甚至，由于长期利益与短期利益之间不能很好地平衡，公司总部与业务单元、员工与公司之间的博弈也在所难免。这些因素导致投入产出的逻辑关系很难掌握。

很多企业大把大把地往市场砸钱，但对于哪些钱对销量有贡献并不清楚，因而费用的投入缺少坚定和专注，往往像大江截流一样，总是因为后继投入不足而前功尽弃。

高效的营销是多方面精确协同的结果。品牌传播、促销活动、终端陈列等都必须保持同步，恰如其分地到达目标消费群。就像足球比赛一样，在正确的时间将球送到正确的空间位置，让队友抓住瞬间即逝的机会发动攻击，才能创造奇迹。

低效的快消品营销往往有以下类同的毛病：

（1）铺货率不足时，大量投入空中品牌资源（指电视广告媒体等）。

（2）将消费者促销资源挪做渠道促销，结果是业务员当期的销售目标达成了，而消费者并不买账。

（3）促销品由总公司统一配发，没有切中当地消费者的兴趣点。能引起消费者兴趣的促销品才能拉动消费。

（4）促销的效果无法事先做出预测，资源的有效性不高。

精准营销来自组织的协同和对竞争环境的了解，内部协同体现在市场部与销售部的分工与合作、销售前端与后台的对接。

对于 B2B 形式的销售，也同样存在精准营销的问题。

一是没有把握市场对产品功能需求的总体趋势，特别是对于中小型制造企业，跟着客户的个性化需求走，短期内拿到一些订单，但生产系统的效率却越来越低，没有形成主打产品，失去了组织的整体效率。

二是没有把握好产品与服务之间的分寸，过于依赖以服务弥补产品的不足，在产品力的发展上力度不够。

三是促销依赖，即没有找准客户的价值点，急于达成合同，答应赠送和折让要求，以为是一事一策，殊不知顾客之间的信息很灵通，顾客压价的手段不断增加，导致销售毛利走低。

精准营销就是建立增进协同、持续校准的优化机制，其起点是发现客户的需求和潜在需求，基础是做好资源和行动的协同，要点是及时发现高回报点，从而持续提高营销的效率。

一、市场信息的收集与分析

很多企业不注意市场信息的收集和积累，有的甚至为空白。这不是花钱多少的问题，而是一个意识的问题、管理的问题。

不要一谈到市场信息就想到聘请市场调查公司，或者购买市场数据，其实，最有价值的数据是市场一线人员长期积累的、连续的数据。

有一家公司有很强的收集市场数据的意识，通过业务员拜访填写的表格来收集市场信息，但却很难坚持下去，主要原因有两个：

一是数据收集之后没有及时录入系统，无法进行结构化处理，其价值就显现不出来。

二是对于收集者而言，数据收集对其业绩没有帮助，也失去了做好这个工作的原动力。

因此，需要建立一个易于操作的信息化数据采集系统，并向业务员和业务经理导入市场分析和市场管理工作，使数字化管理成为一种习惯。如图5－2所示，业务人员数据采集，数据录入和管理，数据分析与业务运营构成密不可分的系统。

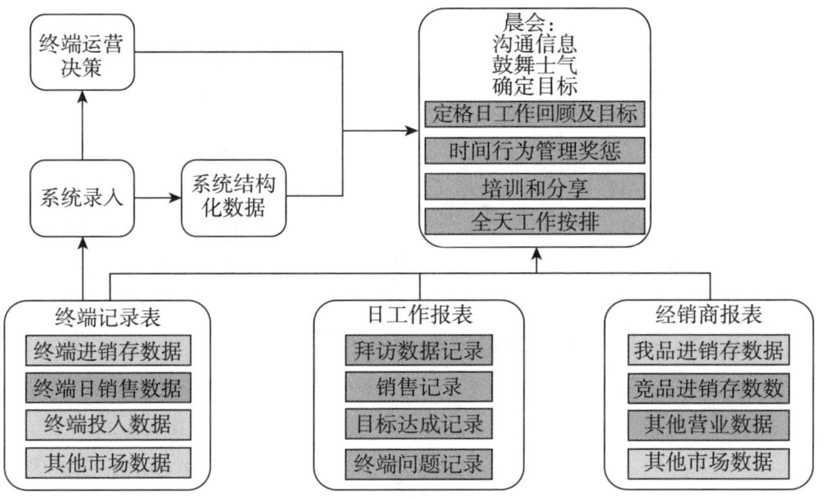

图5－2　业务人员信息化数据采集系统

当然，还有很多其他的办法收集市场数据，如现在流行的终端POS机数据。数据的价值体现在时间点（段）、空间位置、消费者属性、终端性等，以准确把握不同类型消费者的消费行为。

二、市场与销售的协同

市场部的工作就是研究消费者，发现消费者需求，并通过品牌传播和市场活动影响消费者，销售部门则是实现消费者对产品的可得性。

在后台，市场和销售属于不同的专业分工，但在前端，在消费者那里，两者要尽可能同时发挥作用，否则投入的高额市场费用就被浪费了。

为了达到协同一致：

（1）对于全国性销售的产品，市场部门就要制订出精确的活动计划，区域业务单位跟进协同。

（2）对于区域销售的产品，则由区域制订出销售推广计划，市场管理部门跟进提供专业化服务。

对于工业品销售，市场部的功能比较弱，通常是设在销售部门的一个管理模块，且工作内容只聚焦于公司形象和品牌推广，协助各区域销售经理组织销售推广活动。这种情况下，最容易出现的问题是销售推广做了很多工作，而品牌的形象却没有建立起来，原因是品牌管理的专业性不够，没有长远的品牌规划，没有清晰的年度传播主题，没有围绕品牌建设目标进行 PDCA 循环。

三、销售与生产的协同

（一）销售预测

提高销售预测水平是精准营销的重要内容。销售预测不准确或没法进行销售预测，会影响供应链的协同效率。敏捷的供应链模式可以降低对销售预算的需求，但供应链的成本会居高不下。由于销售预测对供应链计划管理的价值很大，所以需要将其纳入各级的考核，以不断提高预测水平。

（二）计划与订单管理

完全按订单生产的企业财务风险是最小的，但可能会失去市场机会，特别是生产周期比较长的行业，断货有可能失去客户，不仅损失销量，而且给了对手机会，会与竞争对手拉开双倍的距离。即使是按订单生产，供应链协同的各环节也需要上游部门的计划来指导，所以需要建立一个严密的计划系统。计划系统是一个多层次、多维度的结构，分别承接不同的功能，具体如图 5－3 所示。

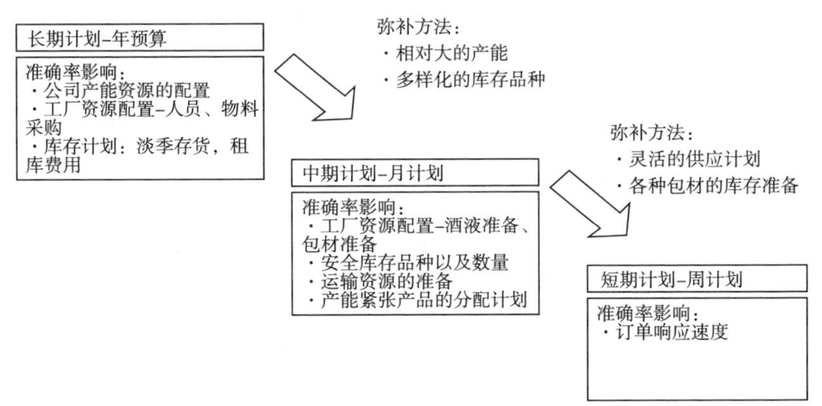

图 5－3　多层次、多维度的计划系统

不同层级的组织之间计划相互关联，如图 5－4 所示：

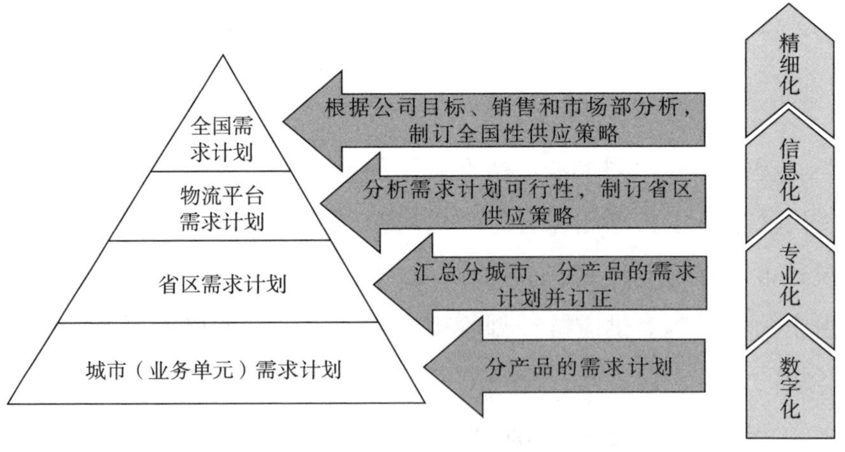

图 5－4　相互关联的不同层级组织计划

（三）物流效率

要加快生产计划和物流管理的信息化和专业化步伐，除了合理配置生产基地和安排生产计划之外，还有很多地方可以提升物流效率。

对于物流成本偏高的产品，如饮料等，减少移库、装卸环节非常重要，可以思考如何一次性将货物配送给分销商或终端。

如果产品的品类和规格太多，采购批量小，可以考虑建立 RDC（区域配送中心），起到均衡生产和快速响应的作用。只要经营的规模达到一定水平，生产计划和物流就是运营的重要内容，必须加快这个领域的信息化、专业化步伐。

（四）业务组织效率

对企业来说，最重要的是建设一支强大的、能拿订单的团队，但其实这还不够，我们应该将业务范围扩展到最终用户。对于消费品来说，“最后一公里”才是竞争的关键。以何种模式来经营这“最后一公里”，是业务组织构建首先要解决的问题。如果业务只考虑把产品卖给渠道客户，业务管理并没有延到分销商、终端和消费者，这只是经销商模式。

在经销商模式下，业务单元的重要工作就是开发、培育、服务和优化经销商的业务团队。如果是**终端直销模式，**业务单元的重要工作就是如何开发更多的终端和不断优化终端网络。如果**考虑向消费者提供价值，**关注消费者的感受，则应采用终端运营模式，让消费者在终端获得良好的体验，并刺激消费者重复消费。

在业务组织的功能定位清楚之后，后台的功能建设就要围绕增强前台的竞争力来规划，让物流响应更有效率，让信息流更流畅，让分析更精准，让资源配置的流程更简单。还要建立前台对后台的评价机制，让一线业务经理来评价后台的专业能力和服务水平。

对于重大的业务活动，例如重要市场战役，除了本区域的业务领导作为指挥官和责任人外，还可以指定一名相应级别的职能部门领导作为后勤支持的责任人，由其统筹后勤事务，做好职能部门之间的横向沟通。

5.3 用管理体系保证策略的执行

没有管理体系的支撑，策略执行可能是一场风一样的运动。但是，战略目标是一个长期目标，不可能一年或一个很短的时期就能立竿见影，必须依靠持续完善的体系化管理来支撑。

什么是管理体系？是不是我们把它拿来用好就能形成强大的组织系统力？当然不是。所谓管理体系建设，就是确定体系的思路，实现体系化的管理。什么是体系化？任何一个管理功能或管理模块，必须包括以下 8 个方面（如图 5－5 所示）：

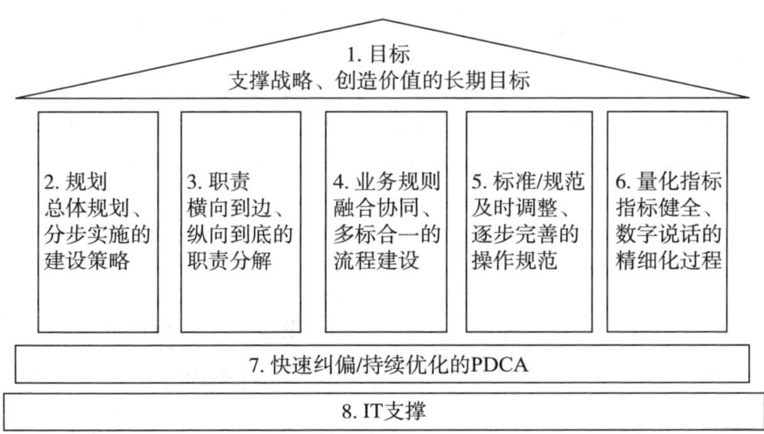

图 5－5　管理模块内容

（1）**目标**。一个组织的管理功能之所以存在，是因为它必须承载支撑战略目标的使命。如果是价值链上的一个环节，就一定要有清晰的价值创造目标。对于管理模块的长期目标，很多情况下是模糊的，这样的管理必然会迷失方向，不可能支撑战略，也不可能承载经营策略。因此，每一个管理功能模块，都应该有愿景、使命和体现自身精气神的口号（也体现其价值观）。

（2）**规划**。每一个管理功能都需要制订建设规划，并保证规划与公司的战略规划同步。整体规划、分步实施是体系建设的基本策略，如果规划不清晰，没有与相关的功能模块建设同步，就难以体现其价值，也有可能在后面需要推倒重来。例如，如果预算管理没有建立起来，绩效管理也难以推进。

（3）**职责**。体系化管理的最大特点是将管理延伸或融入组织的各个环节中。如果每一个管理功能在各部门和分支机构都设立专职的管理岗位，组织会变得非常庞大，所以一定要将管理功能带入组织的各个环节中。因此，横向到边、纵向到底的职责分解显得特别重要。

（4）**业务规则**。建立多标合一的业务规则，这个环节做得不好，管理就是割裂的。每一个管理功能都要遵循相应的规则，到了操作层面就会无所适从，因此必须将管理标准落到流程中去，才能保证执行到位。

（5）**标准/规范**。流程的每一个环节都会有明确的操作规范和执行标准，必须要随外部环境的变化适时调整，否则体系运行就会受阻。例如，我们规定了差旅费标准，在市场价格大幅变化时，如果不及时调整就会影响业务推进的质量和速度，特别是对于一些实行包干的项目，其隐患会更大。

（6）**量化指标**。有了体系框架，就可以有针对性地推进量化管理，使指标不断完善，达到用数字说话。

（7）**快速纠偏/持续优化的** PDCA。持续改进是体系化管理的灵魂。所谓体系，就是从管理目标出发，基于过程的管理方法，这个过程就是 PDCA，即计划、执行、检查和改进。

（8）IT **支撑**。现代企业运营没有 IT 支撑是不可想象的。

第六章 用运营计划承接策略

运营计划的本质是行动计划，而不是停留在目标和指标层面的经营计划。很多企业都有年度经营计划，其主要内容是总目标、经营方针、重点工作、指标分解、责任人。职能部门和业务单位在承接了这些指标和任务之后，回去编排年度工作计划，其结果是部门之间计划的关联性不强，执行起来更是各行其是。

要解决这个问题，就需要在公司层面把计划做细，将重要工作计划统一梳理出来，同样，战略实施的内容经过严密的编排，执行起来也不容易变形。运营计划就是把战略举措及其层层实施的活动精心地编排起来，以保证战略落地和经营目标的实现。

从图6－1中，我们可以看到公司年度运营计划和部门年度运营计划处于整个系统的枢纽位置。

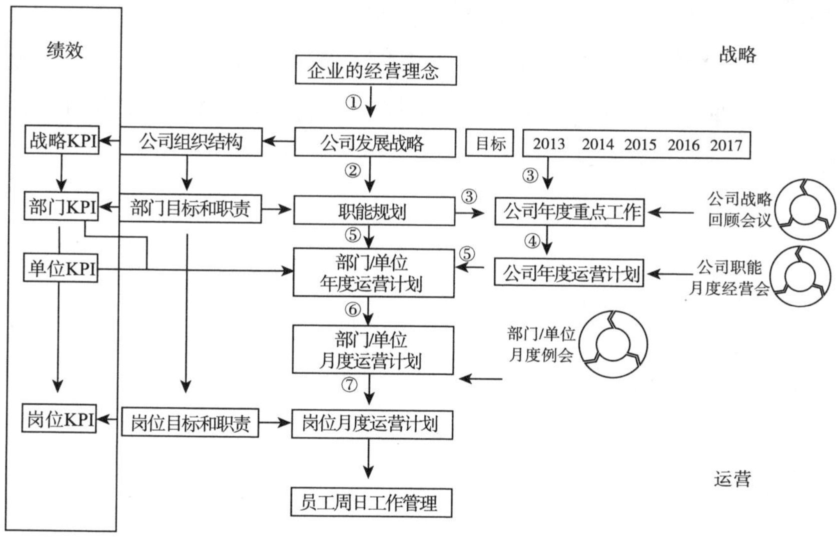

图6－1　战略、运营、绩效关系图

说明：

（1）公司的发展战略承接公司的经营理念。

（2）在公司发展战略的指导下，制订支撑持续发展的职能战略，其中营销战略是职能战略的龙头。

（3）基于职能战略方向和下一年度的经营目标，梳理公司层面的年度重点工作。这一过程不是自下而上地集中，而是最高层集中研讨达成的共识。

（4）为保证年度重点工作的实施，必须将工作转化为年度运营计划，这一转化过程也是一个集体讨论确认的过程（可以由主管运营计划的职能部门先准备内容，再提交会议逐项讨论通过）。

（5）公司运营计划与部门职能规划对接，形成部门的年度运营计划，既要保证全面承接公司运营计划，又要有步骤、有重点地开展部门系统建设工作。

（6）然后通过月度运营计划的滚动管理，保证职能部门、业务单位年度计划的实现，并支撑公司的年度经营目标。

（7）将部门月度运营计划的工作落实到岗位中去，并通过建立公司、职能、单位的月度运营例会机制，动态调整当期的工作重点。

6.1 如何编制年度运营计划

如上所述，企业战略落地需要从战略、年度经营目标、策略、年度重点工作、年度行动计划梳理下来，这是一个连贯、系统的思考过程。**运营计划的编写过程是一个碰撞的过程，因此编写工作切忌由专门的岗位来独立完成。**

企业管理者与核心人员每年花三到五天时间对下一年的重点工作进行系统性的构建，是非常有价值的，一定会收到事半功倍的效果。其实，很多企业也在做梳理，但粗细程度有差异。对于计划，大家的认识差异就很大。

有一位企业的总经理这样说，计划还是粗一点好管理，太细了会面临太多的实际问题，市场在变，每个月的工作重点都不同。如果主推的产品变了，技术配合等也随之变化，计划细了就无法考核。

这个说法其实是没理解运营计划的本质，将运营计划与一般的事务性工作计划等同起来。运营计划应该是保证持之以恒地做好战略性工作，以实现竞争力的提升。企业的组织系统就像是一幢大厦，是由一砖一石构筑起来的，必须要有细致的工作安排。虽然市场是动态的，但企业的系统建设有其程式化的一面，需要耐得住寂寞，一步一步地建设。对于具体的业务工作，也需要在战略方向的指导下，通过精细化运作获得最优效果。

如果只是定一个大的方向和原则，下达结果性指标，对过程没有设计和安排，肯定无法形成一体化运作，**战略管理也会落空。**

但是，**运营计划的内容也不能过于宽泛。**

一家以产品开发和促销活动为主的电子商务企业，希望在运营计划梳理中将产品开发项目和促销活动项目的内容也分解到运营计划中，以进行严格的计划管理。

通常，项目级的计划应放在部门级的运营计划当中，在部门的月度运营机制中协同推进。对于需要跨部门协同的项目，可以指定项目的责任人或责任部门，由其组织项目小组对项目任务进行分解，实施专门的项目管理。

对于项目有重要的里程碑意义的环节，可以纳入公司级的运营计划中进行管理，以确保总体进度。当然也可以不纳入运营计划，而是在公司的运营会议上，做专题项目汇报。

一、从上至下 4 个层级的年度运营计划编制

大体上有 4 层组织的年度运营计划：**公司年度运营计划、业务单位年度运营计划、职能部门运营计划和岗位年度运营计划。**

每一级组织的年度运营计划都是该级组织责任人的一项重要工作。公司年度运营计划的编制并不是某一个职能部门的事，而是总经理和高层管理团队的共同工作，而且越是规模小的企业，越是讲究资源效率的企业，越需要总经理花更多的心思。接下来对编制运营计划的思考过程进行详细说明。

（一）公司年度运营计划

年度运营计划的定位是承接战略和年度经营目标，由**战略主**

题、主题内容展开和工作分解三个层次构成。

下面以快速消费品企业为例，做一个详细的演示。思路就是把握核心内容，完成纵向对接和横向协同的重要任务。

某快消品企业的公司年度运营计划

1. 第一层次：战略主题

基于长远的发展，不同的企业，有不同的战略主题。在排列的顺序上，应先是业务经营，后生产保证，再管理支持。战略主题是一个跨年度的框架，因此是相对稳定的。为了体现战略的聚焦特点，主题的数量不宜太多，公司层和部门层5～8个即可，岗位层3～5个即可。

（1）主题一：明确业务的方向。

在公司战略的大方向下，业务方向的内容主要表现在量利目标（销量目标与盈利目标，一些快消品公司在这两个指标上比较摇摆）的平衡和顾客层次的选择上。也就是说，**整个业务是突出销量导向，还是突出利润导向，**回答这一问题对整个组织的业务开拓有极强的指导意义。很多情况下，企业就是在这两个方向上犹豫不决而丧失机会，或者是在这两个方向上频繁切换而没有形成市场积累。

在确定利润或销售主线的前提下，展开产品定位和销售策略梳理，然后在确定的方向下考虑产品的改良和创新，是进一步向高端延伸，还是把大众化市场的塔基做大？这种大方向的选择不是非此即彼，而是明确重点，以便在资源和时间冲突的情况下能很快地做出选择。进一步看，组织必须要有协同效率，而在方向明确的前提下，协同会更加自如有效。

（2）主题二：明确市场发展方向。

巩固哪些基地市场？重点发展哪些市场？打哪几场市场战役？不同市场的策略有不同的4P组合。在市场发展方向的定位下，渠道模式的选择和发展是一个重要的内容，企业可以根据自身的业务特点进行经营要素的重要性排序和结构组合。

（3）主题三：提高品牌溢价能力。

从本质来说，对于成熟的产品和市场，企业的利润来源于两个方面，一是企业的运营效率，二是品牌溢价。品牌溢价是通过持续的品牌运营来实现的，就是不断明确品牌定位、诉求、性格，制定品牌策略，提高品牌传播效率。只有不断提高品牌的溢价能力，才可能摆脱价格竞争。对于同质化产品，可替代性强，必须通过品牌来实现差异化，取得经营的主动权。因此，为了提高品牌溢价，在品牌运营上要做好哪几件事情？有限的品牌建设资源投放到哪些关键环节？公司层面需要深入讨论。

（4）主题四：提高生产管理水平。

需要明确产品提升的方向，是更加突出质量，还是更加突出成本控制，然后在这一前提下展开技术创新。生产管理的领域很大，未必能有精力在短时间内全部做好，必须结合企业的资源、管理、人才特点，明确重点，实现差异化优势。

（5）主题五：供应链优化。

明确供应链管理水平提升的方向，是加快反应速度，还是优化运行成本，将物流、供应商管理都纳入这个主题之下。对于快消品行业，供应链管理更加重要，因为很多环节的价格本身就透明，如何打造一条有效率优势的供应链，往往成为运营成功的关键。

（6）主题六：资源整合。

如果企业的资源管理内容比较多，而且管理的整体性很强，就可以单独作为一个主题来描述和分解。如果内容不多，则可以分散到前面5个主题中，在相关战略举措中列明。

（7）主题七：系统建设。

对于大规模运作的企业，系统建设是必不可少的，也是实现可持续发展的根本所在。系统建设包括人力、财务、管理提升、IT平台建设、公关、法律、知识、战略及风控等，要结合企业的实际情况，梳理出体系建设的主线，确定明确的年度目标，脚踏实地向前推进。

（8）主题八：企业文化及团队建设。

要明确年度文化宣贯的主题和方式。如果企业的文化管理体系仍不完善，则文化管理体系建设的推进也应该纳入企业年度工作计划当中。

说明一下，有些企业习惯于按职能管理条线来讨论计划，认为那样看起来更清晰，但实际上缺少业务导向。职能分工应该是第二层面的问题，第一层面应该是从市场竞争的角度来思考我们应该做好什么。

2. 第二层次是各主题内容的展开

（1）在业务方向的主题下，需要从量、利和市场发力点上展开。

在哪里、卖什么产品、如何卖是战略的核心内容，但有些企业将这些点全部下放到基层业务单元去决策，结果产品没有积累，市场没有成势，客户也难有忠诚度。

第一，做好哪些以量为导向的主打产品。明确了哪些产品是以量为主线的，与之相关的研发、采购、生产、运输、营销的策略就有了依据，这条主线也会成为协同的原则。不仅要明确放量的产品，还要明确放量的方式和区域。

- 最能放量又有利润的甲产品在什么区域实现放量？
- 甲产品在什么渠道放量，相应配套的政策有哪些？
- 利润低但对公司销售贡献大的乙产品在什么区域放量？
- 乙产品在什么渠道放量，相应的配套政策有哪些？

第二，做好哪些以利润为导向的主打产品。产品不仅是满足客户的需求，也要达成公司的经营目标，因此，要赋予产品不同的使命。特别要培育盈利产品，培育产品的利润池。同样，在明确了利润之后，就可以以此为主线确定各个环节的策略。

- 盈利能力最强的丙产品在什么区域放量，如何保证利润不被侵蚀？
- 丙产品在什么渠道放量，有哪些措施？
- 丁产品在什么区域放量？
- 丁产品在什么渠道放量？

第三，发展哪些战略产品。每一个产品都有其生命周期，要经过培育才能承担其市场使命，这些未来的放量产品和盈利产品就是公司的战略产品。对于消费品企业来说，新产品的成功率对运营效率的影响很大，往往会因为一两个新产品的不成功而使企业的经营陷入被动。

- 发展 A 产品，以达到什么目的，要解决哪些主要问题？
- 发展 B 产品，以达到什么目的，要解决哪些主要问题？

第四，实现哪些渠道的突破。对于一般消费品来说，渠道是非常重要的经营要素。随着网络和 IT 技术的发展，厂家建立直销渠道的情况越来越多，如直销连锁、电子商务等。可以肯定的是，厂家直接对接消费者，与消费者互动，掌握消费者信息是大势所趋。

- 实现现有大客户的业绩突破，实现什么目标？
- 发展新的代理商，实现什么目标？

- 开发电子商务渠道，实现什么目标？
- 进行老客户深耕，实现什么目标？
- 如何发展终端门店，达到什么目标？

第五，采取哪些促销策略。虽然促销是营销部门的业务范围，但对促销费用的总体比例、促销的主要形式等，需要进行事前的规划，以实现闭环管理，提高促销资源的使用效率。

- 参加展会，达成什么目标？
- 以什么产品进行促销，达到什么目的？
- 采取什么渠道促销政策，以抢占哪些渠道资源，或提高渠道的积极性？

第六，如何优化业务模式，提高业务效率。业务模式是重要的生产力，需要不断创新、提炼、复制，以实际业务系统的优化，提高一线的市场竞争力。

- 推进什么样的销售模式（即销售力量、技术力量、服务力量、渠道力量如何配置，才能实现更高效、更有竞争力的销售，多拿订单）？
- 谁来提炼、优化模式？
- 如何进行模式的推广？
- 本年度在什么区域推广，推广到什么程度？

第七，提升服务水平。既有对消费者、对客户的服务，也有对内部客户的服务。后台要为前台服务，职能部门要为业务单位服务。要形成服务文化，及时解决当下影响服务质量的问题，并将服务质量纳入各级的绩效当中。

- 提升服务响应速度。
- 提高服务质量。
- 突破制约服务水平的××问题。

（2）在明确市场发展方向之下，资源的投放要更加聚焦。

为了实现产品的销售目标，前面已经提出渠道发力的措施，在谈市场时，也会谈到渠道。销售与市场是两个概念，销售是把产品卖出去，市场是为了取得竞争的主动权，这里从市场的角度去梳理市场的建设和发展。市场建设是一项长期的工作，需要专门考虑相关的举措。

第一，基地市场的提升方向。基地市场是已经具有竞争优势的区域，但仍然要不断强化和提升，需要逐个地梳理市场建设的举措。

- A 基地市场的建设。
- B 基地市场的建设。
- C 基地市场的建设。

第二，市场升级行动。基地市场是一步一步发展而来的，而且这个发展过程是波浪式的，在发展到一定程度时，需要加大力度来实现突破。那么，有哪些市场正处于发力阶段？如何实现突破？需要逐一梳理出来。

- L 市场升级相关措施。
- M 市场升级相关措施。
- N 市场升级相关措施。

第三，重点发展的潜力市场。市场培育的时间是漫长的，但培育也要有重点，不能把资源像胡椒面一样撒下去。在哪些市场加大资源投入，进行重点培育，相应的措施也要梳理出来。

- 发展 X 市场的措施。
- 发展 Y 市场的措施。
- 发展 Z 市场的措施。

（3）提高品牌溢价能力。

对于重视品牌建设的企业来说，品牌管理工作内容很多，资源投入也很大。如何保证资源的效率是一个重大问题，不能仅由品牌部门自己来完成。这个效率从何而来？首先是品牌的活动要与销售活动相互配合，其次是品牌投入的着力点要有效，最后是持续完善闭环的管理系统。

第一，制定品牌发展规划。品牌是发展的，在明确了品牌定位、品牌内涵之后，每一年都要有建设的重点，要明确品牌诉求的主题。如果是多品牌运作，还要对各区域的品牌组合加以明确。

- 完成品牌传播主题设计。
- 在各区域品牌如何落地。
- 完成下年度品牌建设规划。

第二，各主要产品的品牌策略。每一个产品的起点都不一样，要与品牌传播结合起来。品牌的内涵往往有多个元素，但一次传播只突出一个元素，而这个元素恰好与某一个产品的卖点相对应。如何进行宣传推广，就要梳理出针对具体产品的相应的品牌策略。

- 完成 A 产品的品牌策略。
- 完成 B 产品的品牌策略。
- 完成 C 产品的品牌策略。

第三，如何做好品牌传播。纯粹的品牌传播有其自身的专业性和工作目标，但不能完全脱离销售业务，即使在高端媒体投放的广告，也要将投放时间提前通知各业务单位，以实现空中与地面的呼应，实现投入产出最大化。

- 完成品牌活动合作方招标。
- 提高媒介传播效率。
- 发布年度品牌传播计划。

（4）提高生产效率。

这方面所涉及的内容很多，一般企业都有自身的积累，行业内也有很多成熟的方法可供借鉴，在此不赘述。重要的两点是：①产品改进的方向要与市场需求对接；②产品安全始终摆在重要位置，要守住安全标准关。

通常降低生产成本可以通过精细化的管理和降低损耗来实现，还可以从局部减少质量冗余，通过优化产品结构和使用替代材料来实现，前提是总体的质量水平不下降。

第一，降低损耗，提高效率。

- 降低各环节的不合格率。
- 降低各项损耗。
- 降低单位产品生产工时。
- 优化生产标准和工艺流程。
- 提高库存周转率。
- 提高生产均衡性。

第二，提高产品质量稳定性。质量的本质是一个稳定性问题（当然设计不合格的情况也有，但比较少），所以，质量管理是对过程管理的持续优化。保证质量的点很多，这里只列举几个。

- 完善质量管理体系。企业建立了质量管理体系，但往往运行得不好，没有持之以恒地去做。
- 加强用户端的质量抽检。
- 优化生产工艺，提高质量水平。
- 关键控制点数据定期回顾

第三，降低采购成本。降低采购成本只是采购管理中一个重要的指标，应该赋予采购管理更多的责任和价值，如安全供应、快速响应等，需要建立采购管理体系。有些成本是可以降的，有些则不能降。降了，短期不出问题，长期可能就出问题了，特别是生产周期长、供应商少的物料。

第四，提高工人生产技能。这是降低成本永恒的主题，可以与人力资源的培训系统一起思考。

（5）供应链优化。

供应链的概念比较大，也可以将生产环节放到供应链的范围来谈，在此只考虑跨组织协同的内容。

第一，建立科学的采购管理系统，通过对采购品的分类分级，优化采购策略，实现成本、质量、速度的均衡和持续优化。建立供应商管理系统是采购管理的一环，从战略性采购管理的高度看，供应商管理是非常重要的。与事务性的采购活动相比，供应商的选拔、考核、培育、优化需要系统规划和策略指导。

- 制订采购管理规划。
- 建立供应商管理系统。
- 建立共赢的战略供应商合作机制和发展系统。
- 加强市场信息研究。

第二，提高计划管理水平。提高计划管理水平是一个系统工程，企业处于不同发展时期，计划的重要性很不一样。因此，计划管理的模式和方法是需要不断调整的，需要针对当前所碰到的问题，达成共识，重点改进。

优化生产计划管理流程这是一项长期的、持续改进的工作，每个阶段都会有任务。

第三，建立计划考核机制。计划如果没有考核，其严肃性就会受到挑战，必须要把计划管理的机制建立起来。如前端做销售预测者在一定程度上承担预测不准带来的损失，才能保证后端根据较为准确的前端销售预测做生产计划。有些企业由领导来拍板定计划，表面上看这种做法更加严谨，但实际上这种做法缺乏科学性和专业性，应该形成企业计划管理机制。

第四，建立销售预测管理机制。要让最适合的业务环节来做销售预测，实现闭环管理，并由相关责任人承担相应的风险和责任。业务单位向生产单位做销售预测时，要对业务单位的责任人进行考核。

第五，渠道商库存数据采集。市场管理的深度决定了计划管理的难度和对精细化的要求。如果销售只到经销商，要掌握货物流向是很困难的，因为客观上厂家与经销商的利益并非完全一致，必然存在博弈。如果市场运作直接掌控终端，就比较容易把握渠道各环节的数据信息。只要持之以恒地做好数据积累，精准营销就可以实现。

第六，提高物流效率。物流的效率基于科学的物流价值定位，在成本、速度、安全三个要素之间找到平稳，以实现客户和公司价值的最优。

- 物流组织系统优化。物流系统结构的优化是物流效率提升的前提，对于经营规模较大、物流成本占总成本比例较大的企业，都应该科学地对物流系统进行整体的规划。通常，物流规划需要采购咨询服务机构的服务。

- 订单管理优化。这可以创造很大的价值，如标准订单、并货、换货等。

- 仓库管理优化。对于没有运用IT平台进行管理的企业，仓库管理上总有不断提升的空间。有了IT平台，库存信息的利用也有很大的管理价值。

- 物流跟踪管理。货物流向跟踪是物流管理发展的方向。

(6) 加强资源整合，提高资源效率。

资源是稀缺和有限的，所以经营的重要内容就是整合资源。

如何整合，必须在公司层面讨论透彻，并明确推进步骤，相关部门确保按时按质做到位，以保证组织的有效协同。内容可能涉及以下几个方面：并购、投资及资本运作、组织整合、市场及业务整合、品牌资源整合、社会资源整合。

（7）系统建设。

每个企业在系统建设上都有大量的工作要做，但如何保证井然有序地展开却是一个大难题。由于职能系统建设与企业的很多方面有关，需要得到理解和配合，因此事先应该在公司层面充分沟通。

第一，提高战略人力资源管理水平（举几件重要的事）。战略人力资源管理与一般的职能人力资源管理的不同在于更加关注支撑战略目标实现的核心人才，其角色已经从职能管理者转变为战略伙伴、职能专家、员工支持者和变革推动者。

- 提高核心人才储备水平，降低核心人才流失率。
- 提高人员投入产出率。
- 提高满编率。
- 提高基层单元经理任职资格认证覆盖率。

第二，提高财务管理的服务水平（根据实际需要展开，向一线业务单位提供服务，如报表和成本分析）。

第三，提高公共关系管理水平，支持业务发展（根据实际需要展开）。

第四，提高管理专业化水平（举与战略执行保障有关的内容）。

第五，优化业务单位月度经营回顾模板，全面推广应用。

第六，开展组织效能评价，优化结构，提高组织效率。

第七，开展业务系统管理贯标，提高业务标准化水平。

第八，开展最佳实践交流。

第九，IT平台建设。

（8）企业文化及团队建设。

这一主题往往被企业遗忘。文化管理是没有被充分认识的管理领域，其价值是巨大的。有些企业强调企业文化，提出了很多观点、口号和要求，但并没有真正被员工接受，更难以向相关企业延伸。有些企业则反其道而行之，认为文化太空洞，把企业文化建设放在可有可无的位置上。显然，这两种做法都是不对的，应该以科学严谨的方法来建设企业文化管理系统，尤其是跨地域、跨文化运作的大型企业集团。企业文化管理是长期的工作，不同阶段有不同的重点，要达成共识，统一步调推进。

- 企业内文化理论的宣导。
- 文化组织的建设。
- 文化传播平台的建设。
- 对外文化传播活动。
- 团队建设及团队活动的安排。

3. 第三层次就是在专业领域和时间维度上把内容分解，以便更好地落实到职能部门

例如，在提高生产效率主题中，第二层次为提高产品质量稳定性，则可以在第三层次上进行如下分解：

- 完善质量管理体系，工作一季度完成（这是品管部和企划部的工作）。
- 加强用户端的质量抽检，一季度出台抽检制度和流程，二季度完成20%客户的抽查，并形成抽检报告（这是采购部和品管部的工作）。
- 优化生产工艺，提高质量水平。根据客户端质量抽检的分析报告，对生产工艺进行优化和改进，三季度完成（这是技术部和生产单位的工作)。

• 关键控制点数据定期回顾。四季度发布管理办法(这是品管部和生产单位的工作)。

例如，在提高品牌溢价水平主题下，第二层次为各主要产品的品牌策略，第三层次可以按产品分解：

• 完成 A 产品的品牌策略，一月份完成。

• 完成 B 产品的品牌策略，一月份完成。

• 完成 C 产品的品牌策略，二月份完成。

• 对于一些独立的项目，可以分阶段完成。

(二) 职能部门年度运营计划

公司年度运营计划的内容必须全部落实到职能部门和业务单位的年度运营计划中。那么，是不是承接公司战略主题分解下来的工作就是职能部门运营计划的全部内容呢？当然不是。职能部门应该有自身的战略发展思路，所以职能部门的年度运营计划应按职能战略的框架来搭建。

例如，某织机制造企业制定了以下 5 大战略举措：

• 新战略：以科技创新为龙头，快速响应市场，持续技术领先。

• 客户中心战略：向设备服务业转型，包括从产品销售到为客户提供问题解决方案，从单纯的技术服务到帮助客户提高竞争力，从解决眼前问题到建立彼此信任的长期合作。

• 品牌战略：质量优先，用品牌的高度成就业务的广度，5 年内打造国产织机第一品牌，10 年内成为世界织机著名品牌。

• 国际化战略：加快开拓国外市场，率先从剑杆织机和喷气织机两个细分市场走向国际化。

• 有选择后向一体化战略：为确保供应链安全，优化供应链效率，有选择地整合上游供应商，实行有选择的后向一体化。

据此，各职能部门明确定位其核心责任，并形成职能部门年度运营计划的基本框架。下面就是该公司销售部的年度运营计划框架：

• 不断提高高速织机的市场占有率，建立高端市场的竞争优势。

• 提高客户黏度，发展国内基地市场，夯实市场基础。

• 创新营销模式，提高销售团队效率。

• 加强客户信息管理，完善市场信息收集、分析，把握市场机会，提高销售效率，为相关部门提供决策支持。

• 打造狼性特质的营销团队。

• 加强客户价值研究，为客户提供解决方案，创新增值服务。

该公司售后服务部年度运营计划的框架为：

• 保证安装调试质量，提高用户感受。

• 优化服务运营体系，快速响应客户需求。

• 系统收集质量问题，推动产品质量提升。

• 不断创新服务手段，提高客户满意度。

• 提高维修人员的专业水平，提高服务质量和控制服务成本。

• 收集竞品的技术信息和运行信息，为经营决策提供信息支持。

• 创新经营性服务模式，增加服务团队价值。

从上面的框架可以看到，职能部门运营计划的第一层承接了公司战略内容，明确了价值创造的方向，并形成了部门的责任体系。每一年的重点工作内容可能有所变化，但这个职能框架是比较固化的，除非公司的战略方向做出了调整。只要职能部门持之以恒地做好这些工作，就是对战略的最好支撑。

形象地说，有了职能部门的责任体系，就有了一个篮子，就可以将公司年度运营计划的内容往里装，其实这是长期目标与短期目标的结合，使短期工作支撑长期目标的实现。如果公司年度运营计划的内容没办法装到职能部门的篮子里面，则说明职能部门的职责还未能完全支撑公司战略，或者公司的战略内容有了调整，需要职能系统调整职能，做好对接。

在公司年度运营计划的内容落实到职能部门年度运营计划的过程中，应该注意以下问题：

（1）需要跨部门协同来完成的工作，其责任人要组织专题会议，将工作解构并分配到相应的职能部门。

（2）涉及不同业务主题的工作，应以业务为导向，由职能部门做好纵向的对接和横向的协同，保证对业务支撑的完整性。

（3）按业务前后端的原则，明确协同的方向。职能部门可以分为业务部门和支持部门，支持部门要服务业务部门，业务部门要服务业务单位。职能部门要尽最大努力满足业务要求，并在时间和标准上做出承诺。业务部门一般为销售部、客服部、市场部、物流部、生产部和采购部等，支持部门一般为技术部、品管部、人力资源部、财务部和企划部等。

（4）先横向协同，再纵向对接。职能部门向业务单位发布工作计划和管理规定时，应先在职能层面协调一致，避免冲突，提高一致性，确保业务单位执行畅顺。

为了更好地理解公司年度运营计划是如何逐级向下转化的，下面给出一个是职能部门的年度运营计划案例。

案例：物流部年度运营计划编制实例

在Q公司，物流部是重要的业务管理部门，是价值链上的重要一环，其使命就是“提高供应链系统运营能力，支持公司市场竞争能力的提升”。具体制定了7项战略举措，这也是物流部职能战略的主要内容：

（1）优化计划体系，保证供应。

（2）提高订单响应速度。

（3）加强产品的新鲜度管理。

（4）改善物流运作质量。

（5）建立物流运营、物流成本分析、物流采购体系，合理布局网络，降低物流成本。

（6）持续推进全国供应链一体化体系建设。

（7）持续推进与B公司的最佳实践交流。

这几项举措突出了结果导向，目标就是实现效率、质量、安全指标的优化，构建了系统持续优化的框架。其中，对第2项举措“提高订单响应速度”，其衡量指标是：订单响应速度5天内发货率达到80%以上，7天内发货率达到90%以上。

为了实现这个目标，在第2项举措下，创新5项管理内容：

（1）优化订单管理流程。目的是建立订单标准运作流程，并推进信息化改进。

（2）结合大客户信用政策，开展大客户联合储货业务，衡量标准是建立联合储货方案并实施。

（3）建立对大客户仓库存货的定期核查机制，衡量标准是形成大客户仓库存货审核制度并实施（定期审核报告）。

（4）建立大客户专项服务体系。衡量标准是明确服务内容，定期进行回顾评估。

（5）优化外埠地产货物流动运作模式。

其中第2项、第5项管理内容都是与财务部门协同推进的，物流管理部是责任人，财务部是协同人。

对于第1项“优化订单管理流程”，又向下分解为5项活动：

（1）有效推进需求计划与供应计划流程一体化建设，衡量标准为：完成五省区、华东、北京、西南计划体系建设，要求5月31日完成。

（2）有效推进订单管理流程一体化建设，衡量标准为：完成华北、华东、北京、甘肃订单业务流程，要求12月31日完成。

（3）有效推进瓶箱业务流程一体化建设，衡量标准为：订单响应速度提高10%。

（4）有效推进物流配送流程一体化建设，衡量标准为：物流运作培训材料及相关的推行表格和制度。

（5）完成公司物流制度一体化建设，衡量标准为：发布手册。

张强作为物流系统管理总监，对以上5项工作总体责任，通过与区域对接，将管理的内容分解到具体的区域，明确交付标准和完成时间，并将工作落实到具体的责任人陈宝君、郑兵、刘丰、朱光身上，从而达到工作内容的层层落地。

因此，运营计划的管理过程，就是重点工作的落实过程，就是战略、策略的落地过程，是绩效计划、绩效沟通的过程。

（三）业务单位的年度运营计划

业务单位的年度运营计划与公司级的年度运营计划相似，需要支撑实现其年度经营指标。对于一体化运作的公司，其下级业务单位的年度运营计划主要是承接公司年度运营计划和职能部门年度运营计划的内容，并在细节上展开。对于业务较为独立的业务单位，必须沿着前述编制公司级年度运营计划的思路来编写其年度运营计划。以下是一家一体化运营的大型啤酒集团的啤酒生产工厂的年度运营计划。

案例：生产工厂的年度运营计划

生产系统的计划可以做得更细，更加量化。从下面啤酒厂生产部的年度运营计划（部分）可以清晰地看到目标的层层支撑，以及工作的系统性和策略性。

在提高啤酒的口感水平这一战略举措中，首先将一个感性的概念进行分解，于是形成三个方面的工作：品尝性、一致性和可饮性。

在提高品尝性和一致性方面，总公司有逐批送样品品尝机制，即生产厂每一批次的酒都要抽样寄送到总部实验室，由总部专家进行品尝。虽然评价的标准是感观的，但由第三方实施，已具有一定的客观性。

为了实现口味的一致性，从 12 个方面展开工作，具体的每一项还要层层分解。

在衡量指标中，已经将日常工作的内容放进去了，不会出现工作与目标逻辑关系不强的情况。所谓逻辑关系强，就是行动对结果的可控。表 6－1“进展”两列记录了实际运行情况。

运营计划表的一大特点就是编排了工作之间的逻辑关系。如 1.2.10 提高工厂卫生水平，可能在行政管理方面也会涉及，这里将其与操作一致性联系在一起，目的是明确了卫生管理与质量的关系。

表 6－1　××啤酒厂生产部年度运营计划（部分）

目标/战略/战术		责任人	衡量指标	完成时间	进展	
1. 提高啤酒的口感水平				2006	1 月	2 月
1.1 提高啤酒品尝性		刘平	完成 2006 年口味目标（A + I）档酒比率：≥83%（2005 年完成值 82%）			
1.2 提高啤酒口味一致性		刘平	完成 2006 年口味目标（A + I）档酒比率：≥83%（2005 年完成值 82%）	2006		
1.2.1	公司工艺原则的转化和执行	刘平	根据技术总部所制定的工艺原则，结合实际 2 个月内转化	2006	直接引用	直接引用
1.2.2	以总部下发的工艺原则为主线，优先制定关键工序 SOP	安涛	（1）完成 23 个工艺原则涉及的工序 SOP 的编写和修订 （2）对 SOP 的关键指标定期进行回顾，验证 SOP 的执行效果	2006		《糖化锅 SOP》《澄清槽 SOP》
1.2.3	开展 CPCPR，提高操作的一致性	樊进	（1）围绕 23 个工艺原则开展 CPCPR （2）酿造每周 1 次 CPCPR，包装每月 2 次	2006	（1）包装：《提高头标合格率 CPCPR》 （2）酿造：《稳定糖化冷麦汁浓度 CPCPR》《降低清酒溶解氧 CPCPR》	（1）包装：《提高灌酒机擦拭无菌率 CPCPR》《减少装酒机瓶颈空气 CPCPR》 （2）酿造：《提高清酒无菌率 CPCPR》《缩短麦汁过滤时间 CPCPR》 （3）品管：《过滤微生物取样 CPCPR》

续表

目标/战略/战术				责任人	衡量指标	完成时间	进展	
1.2.4	应用数据改进质量，对每个 CPCPR 涉及的关键指标做点图跟踪评价			安涛	围绕23个工艺原则，完成检验计划的修订，建立点图分析评价	2006		
1.2.5	围绕23个工艺原则，完成工艺描述现状调查报告；每月对工艺描述进行回顾；分析主要工艺差异，完成过程改进项目的确定			刘平	（1）围绕23个工艺原则，建立与完善工艺描述模板 （2）围绕23个工艺原则，完成工艺描述现状分析 （3）每月对工艺描述进行回顾 （4）分析主要工艺差异，完成过程改进项目的确定 关注的过程改进项目纳入周汇报	2006		见周报、月报
1.2.6	提高原料一致性			安涛	提高原料质量一致性，规范糖化辅料的使用	2006年5月		
	1.2.6.1	提高水的质量一致性		樊进	酿造用水和稀释用水品评出缺陷的比率≤5% 对于品评出异味的水立即实施改进（2005年下半年无缺陷）	2006年2月	0%	0%
		1.2.6.1.1	跟踪监测原水总硬度等关键指标波动，调整制备酿造用水配比	樊进	控制酿造用水硬度、残碱度等关键指标合格率≥80%（2005年合格率为75%）	2006年4月	100%	100%

续表

目标/战略/战术				责任人	衡量指标	完成时间	进展	
		1.2.6.1.2	控制生产用水无菌率，减少因水质污染影响啤酒品质	樊进	刷洗水无菌率控制≥80%（2005年68.6%）；稀释水无菌率≥80%（2005年61.8%）	2006年3月	刷洗水44.4%稀释水100%	刷洗水40%，稀释水100%
	1.2.6.2	提高酿造材料的质量		魏雷	根据总部实施糖化过程调酸调钙的工艺原则，执行总部的统一方法和辅料品种	2006年7月	已经执行总部工艺原则	已经执行总部工艺原则
		1.2.6.2.1	规范糖化辅料的使用	魏雷	执行总部下发糖化辅料使用的原则（调酸调钙、酶制剂）	2006		
		1.2.6.2.2	根据总部统一使用的原辅物料使用原则，严格把关入厂酿造原辅料质量	魏雷	控制大米新鲜度合格率100%，超期（7天）库存大米量≤8吨（2005年入厂大米新鲜度合格率100%）	2006年6月	100%	100%
	1.2.6.3	提高CO_2质量		樊进	（1）控制外购CO_2合格100%（纯度99.8%），回收CO_2合格率100%（均含品评结果） （2）执行总部下发CO_2回收管路CIP标准，执行率100%	2006年7月1日 2006年9月1日	外购CO_2合格率100%（纯度99.9%），回收CO_2合格率100%	外购CO_2合格率100%，回收CO2合格率100%

续表

目标/战略/战术			责任人	衡量指标	完成时间	进展	
				（3）执行总部下发 CO_2 除沫器、CO_2 贮罐 CIP 标准，执行率 100% （4）执行总部 CO_2 活性炭杀菌和更换原则，执行率 100%			
	1.2.6.4	保证使用的压缩空气无菌	樊进	制定压缩空气管路杀菌标准，编制杀菌 SOP	2006 年 1 月	已制定标准	已制定标准
1.2.7	提高糖化操作一致性		刘平	对糖化锅、过滤槽、煮沸锅的运行点图进行评价（糖化时间、过滤时间、残糖、煮沸总蒸发率）	2006 年 8 月	已完成	已完成
1.2.8	提高微生物控制水平		刘平	酿造微生物月度积分 9.16（2005 年 9 月 13 日）	2006	9.69	9.93
1.2.9	提高发酵过程的一致性		刘平		2006	/	
1.2.10	提高工厂卫生水平		梁美	卫生审计得分 7 分以上	2006	/	/
	1.2.10.1	投料柜清洁无污物和残留物	吕飞	定人专管，定期检查，与考核相结合	2006	已完成	已完成
	1.2.10.2	大米分级清洁，使无残留大米	吕飞	定人负责，定期清理	2006	已完成	已完成

续表

目标/战略/战术			责任人	衡量指标	完成时间	进展	
	1.2.10.3	包装地面无水化	梁美	改造洗箱机，维修接水盘	2006	洗箱机已经撤除	
	1.2.10.4	管路标识清晰醒目	梁美	统一规范管路标识	2006	正在进行，人力资源部在统一制作	正在进行
	1.2.10.5	物品存放整洁，标识清晰	于亮	定置物品，明确标识，专人检查		已完成	
	1.2.10.6	室内不出现蚊、蝇、蜘蛛网	于亮	结合6S管理，消除蜘蛛网等		已完成	
1.2.11	应用糖化减热工艺		魏雷	在总部支持下完成系列品牌生产糖化减热工艺试验	2006年10月1日	正在完善	正在完善
1.2.12	推进发酵工艺试验		魏雷	借鉴总部酵母添加工艺，完成酵母添加试验 借鉴总部提高成熟度工艺，完成提高成熟度的试验	2006年7月1日 2006年9月1日	暂未发布	暂未发布
1. 3	提高啤酒新鲜度		刘平	2006年新鲜度品评得分6.6（2005年6月4日）	2006	6.5	6.7

（四）岗位年度运营计划

岗位年度运营计划的结构与职能部门年度运营计划的结构一致。

第一层是确定岗位的责任体系，这是岗位建设的方向，是员工自我管理实现职能持续优化的大前提。

第二层是承接部门运营计划的工作内容。

第三层是第二层工作内容的分解和在月度时间上的展开。

岗位年度运营计划执行中的最大问题是岗位责任人流动，这对岗位年度计划的执行是一大挑战。因为计划是前任基于对职责的理解、对工作资源，特别是周围人际资源的掌控，以及结合自身能力的发展制定出来的，但对于接任者，熟悉工作需要一个过程，会影响年度运营计划执行的进度。如果部门领导对该岗位的工作很熟悉，可以通过指导和调整资源来保证岗位工作的连贯性，否则对工作进度会造成很大影响。

二、月度运营计划管理

月度运营计划是年度运营计划的具体执行，是职能部门和业务单位日常管理的抓手。作为日常运营管理的主要工具，其承载着以下三大使命：

（1）作为 PDCA 管理的基本框架，使年度计划事项在月度循环中持续优化。

（2）作为月度资源配置和协同的平台，使计划管理更加便于适应快速变化的市场实际情况。

（3）作为绩效考核的重要依据，解决年底回头搜寻过程管理表现依据的困难。

（一）职能部门月度运营计划

计划最主要是解决协同问题，要达到这个目的，就必须做好计划与计划之间的对接，因此要从以下几个方面构建年度计划与月度计划，职能部门计划与业务单位计划，以及职能与职能计划之间的关系。

（1）**月度运营计划与年度运营计划的关系**。月度运营计划是年度运营计划落地的工具。职能部门和业务单位应建立月度运营计划运行机制，确保年度计划和其他重要工作的执行。对每月工作进行计划、执行、回顾、评估是职能运营和业务管理的基本运行节奏。

（2）**月度会议是职能管理和业务管理的抓手**。部门月度会议向上与公司的总经理办公会或公司月度经营会对接，向下与各岗位的月度回顾会对接。为了形成自主管理的机制，在会议的设计上，下一级的会议应先于上一级召开，大体结构如图6－1所示。

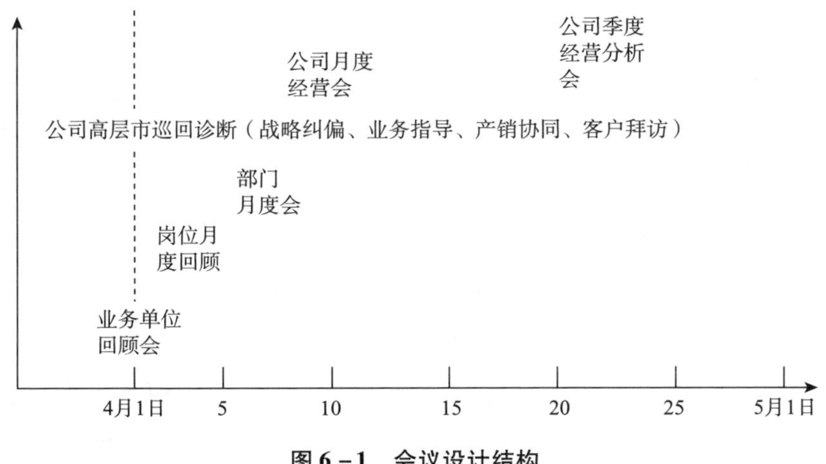

图6－1　会议设计结构

从图 6－1 可以看到，业务单位的月度会议在月底前召开，职能部门管理模块（岗位）月度回顾在每月 4 日前完成，部门月度会于每月 7 日前完成，公司月度经营会于每月 10 日前完成，从时间上保证会议之间的层次关系，并保证内容的相互支撑。具体时间如何定，与财务数据分析出数的时间有关，财务核算简单、速度快的企业，会议可以早些，否则就会晚些。通常在公司月度会议上，应有上月完整的财务数据分析。

公司领导、职能部门领导、各管理模块管理者应参加业务单位的月度经营会，了解一线业务运行情况，现场解决实际问题，把握战略运行态势。

职能部门领导和管理模块的责任人将业务单位反映的问题和实际观察到的现状带回来，进行分析和反思。执行的偏差是如何造成的，业务层面当前的困惑是什么，然后在组织结构、策略、流程、人员能力上找原因，通过横向交流、系统调整来解决。如果部门层面不能解决的，提交公司月度经营会讨论。

（3）**公司月度经营会是职能部门展现专业水平、提高经营能力的平台。**

什么是经营会？经营会与一般企业流行的总经理办公会有什么区别？

所谓总经理办公会，就是总经理以会议的形式集中处理事务，将一对一的方式变为一对多的方式，内容是经营过程中的请示、汇报、了解、决策，明确原则和方向。大家在一起是为了便于沟通和信息共享，但会议以总经理为中心的基本原则不变，总经理在经营管理的授权内进行决策。当然，也可以把总经理办公会开得更为丰富，参会的范围可以扩大。对于一些国企，也可以将党务的一些工作放进去，小一些的企业，可以将更多经营协同的内容放进去。所以，很多企业的总经理办公会实际上变成了一个大杂烩。

所谓经营会，就是聚焦于企业的经营运行，是系统性的，是 PDCA 管理的一个环节，基本上关注的不是具体一项事务如何做，也不是一个局部的表现，而是企业的整体运行，如经营指标的达成情况、计划的执行情况、组织协同的情况、重大工作的安排、策略调整等。总经理办公会与经营会的比较如表 6－2所示：

表 6－2　总经理办公会与经营会的比较

	总经理办公会	经营会
主持人	总经理	总经理
会议主角	总经理	相关职能部门负责人
会议关注	重要工作事项	公司的运行态势
决策方式	总经理指示	职能部门提供决策方案会议表决
会议发言形式	口头汇报	专题报告、专业分析

（4）职能月度运营计划的内容。

职能月度运营计划的内容来自 5 个方面：

● 来自部门年度运营计划分解到月度的工作。如果要做提前或延后调整，应与相关的部门做好沟通，横向协同。

● 来自公司层面的会议决议。经营是动态的，职能部门有很大一部分工作来自公司层面的会议，包括公司月度经营会或总经理办公会、季度经营分析会、其他专题会议。

• 来自与其他职能部门的协同需求。

• 来自业务单位和下游客户的需求。对于服务性职能部门，这部分工作量会更大。

• 其他来自企业外部或突发事件，也需要有计划地安排处理。

（二）管理模块（岗位）月度运营计划

岗位管理的重点在月度计划上，全面支撑职能部门的月度工作。部门领导要参与岗位月度回顾，把握上月计划内的工作完成情况，并就当月岗位工作的月度计划进行沟通，达成一致。在公司月度经营会召开之后，部门工作如有调整，应立即与岗位管理人员进行沟通，调整岗位的月度运营计划。为了提高岗位效率，可以应用周工作管理机制和日工作管理机制。

（三）业务单位的月度运营计划

业务单位的月度运营计划主要是自我管理。

以下是Q公司基层业务单元——城市办事处的月度运营计划，每个单元的人数从一二十人到一二百人不等，在城市中有若干个工作区域，每个区域有10~20人。城市办事处基本的业务管理职能使命就是持续提升市场的综合竞争力，为此，确定三大目标：提升销售运营管理水平，提升基础运营管理水平，提升团队业务素质。

在A城市办事处的月度运营计划中，第一层仍然是来自办事处自身的定位，第二层是为了支撑经营目标和承接上级的管理要求而产生的主要工作，第三层、第四层即为具体工作在月度的展开。（如表6-3所示）

表 6－3　A 城办事处××年 12 月运营计划

使命：提升市场的综合竞争力				
目标：（1）持续提升城市办事处销售运营管理水平 （2）持续提升城市办事处基础运营管理水平 （3）持续提升团队专业素质				
被考核人	刘东			职位名称
目标/战略/战术		责任人	衡量指标	完成时间
1	持续提升城市办事处销售运营管理水平			
1.1	建立和完善城市办事处基础数据管理流程			
1.1.1	终端路线卡的制定和更新			
1.1.1.1	城市办事处持续完善终端路线卡的更新	业务员	每日对业务代表提交的前日路线卡在 F 系统进行更新，包括终端信息、生动化指标、终端管理级别指标	每周一至周五
1.1.1.2	建立城市办事处业务代表终端管理指标和销量周监控表	业务员	数据具体到定格业务代表、指标标准、指标现状、偏差分析	每周六
1.1.2	建立协议终端资料库			
1.1.2.1	持续完善电子版协议终端资料库，监控协议终端销量完成进度	管理部主管	包括协议内容、协议销量、实际销量、销量偏差，具体到定格、定期更新，晨会和周会中区域经理带领业务代表详细分析协议终端执行情况及偏差分析，形成整改建议	12 月 20 日

续表

			1.1.2.2	建立协议终端执行监控表及整改计划表	市场部	针对A城办事处的所有协议终端执行情况进行监控，市场督导不定期对区域内协议终端进行核查，对于整改不到位的终端要求经销商和业务代表进行现场整改，并制定二次追溯计划	长期坚持
	1.2	建立和完善标准化的促销活动管理流程					
		1.2.1	加强对促销活动申请流程的审核				
			1.2.1.1	完善A城办事处《二批供货和团购配送管理流程》	管理部	将《二批供货和团购配送管理流程》公示，区域经理、业务代表熟练掌握，严格按照管理流程展开费用的申请，市场部跟进执行	12月15日
		1.2.2	加强对促销活动执行情况的考核和追溯管理				
			1.2.2.1	市场部制订《协议终端追溯报告》《市场部每日追溯汇总表》	市场部主管	市场督导每周对所负责区域中每个定格至少抽查5家协议店，每周形成《协议终端追溯报告》，提报办事处经理、区域经理及市场部主管，并上传OA系统	长期坚持
			1.2.2.2	管理部职员严格执行《协议终端管理规定及费用报销流程》《协议终端进销存台账管理程序》《协议终端电话核查管理规定》	管理部	业务员和财务人员对已提交协议申请的和正在执行中的协议终端进行电话核实，并形成核实记录存档，核实终端数量每周不低于50家，物流人员每周现场核实3家经销商库存	长期坚持
	1.3	建立和完善经销商管理制度、流程					
		1.3.1	持续完善经销商进销存及终端日销售台账管理制度				

续表

			1.3.1.1	城市办事处不断完善《经销商进销存管理规定》和《经销商台账管理规定》	管理部主管	制定完毕对业务代表进行专项培训，城市办事处所有经销商必须严格按照办事处出台的相关管理规定执行，并在城市办事处内张贴公示	12月15日
			1.3.1.2	建立城市办事处经销商进销存和终端进货台账核查机制	管理部主管	制定进销存核查机制，市场部和管理部不定期对经销商的仓库进行盘点，对于存在库存偏差的经销商进行处罚。市场督导每日不少于5家的终端进货台账追溯，对于提报虚假台账的经销商进行处罚	12月8日
		1.3.2	建立经销商绩效考核管理办法				
			1.3.2.1	协助制定经销商业务团队考核体系	管理部、经销商、管理员	根据A城办事处的微观运营体系进行客户的嫁接，管理部、市场部和区域经理进行协助，讲解微观运营的实际应用，实现经销商团队的稳定、快速发展	12月1日
			1.3.2.2	严格执行城市办事处经销商晨会管理规定	市场部	经销商销售团队负责人每日参加城市办事处晨会，晨会中汇报前一个工作日终端推进情况，区域经理进行点评，将经销商团队培养成专业化的销售团队	长期坚持
2	持续提升城市办事处基础运营管理水平						
	2.1	建立、完善全员绩效报表管理体系					
		2.1.1	完善城市办事处区域经理报表管理办法				

续表

			2.1.1.1	严格执行城市办事处区域经理报表核查制度	管理部主管	管理部主管每天对城市办事处区域经理的工作记录进行审核，评估区域经理每天工作的有效性并形成处罚建议	每月4日之前
		2.1.2	完善城市办事处报表核查管理办法				
			2.1.2.1	规范业务员报表核查办法	业务员、办事处经理	业务员每天核查业务代表报表的规范性和相符性，报表相符性达到95%以上，审核结果在次日晨会中汇报并纳入业务代表绩效考核项目中	12月5日
			2.1.2.2	规范市场督导报表核查办法	市场部主管	市场督导每天在市场追溯过程中核查业务代表报表填写的相符性、规范性和及时性，并在每日晨会中汇报，会后将报表提报城市办事处市场部主管，市场部主管针对市场督导的工作有效性形成审核建议	12月10日
		2.1.3	完善城市办事处业务代表绩效报表管理规定				
			2.1.3.1	建立业务代表报表相符性审核制度	业务员	业务员每天核查业务代表报表的规范性和相符性，并在次日晨会中汇报，针对错项进行负激励措施	长期坚持
			2.1.3.2	实施业务代表路线卡更新及时性核查办法	业务员、市场部	市场部、城市办事处业务员跟进业务代表路线卡更新的追溯，进行电话或现场核实，并纳入业务代表绩效考核项目中	每周
		2.1.4	建立城市办事处《市场部操作规范》和《市场督导工作指导书》				

续表

			2.1.4.1	严格执行城市办事处《市场部操作规范》	市场部主管	城市办事处市场部严格执行《市场部操作规范》，每日市场部主管汇总前一日市场督导追溯情况，形成市场追溯数据表并上传 OA	12 月 20 日
			2.1.4.2	按照城市办事处《市场督导工作指导书》开展工作	市场部主管	要求市场督导严格按照《市场督导工作指导书》开展工作，内容包括：现场行为核查、价格体系核查、协议终端评估与核查、报表追溯管理规定、促销活动追溯等内容	12 月 8 日
			2.1.4.3	制定市场部月度回顾	市场部主管	市场部主管统计市场督导当月的市场追溯情况，与市场督导讨论完成《市场部月度回顾》的制定并发给城市办事处经理和省区销售专员	每月
	2.2	建立、完善全员绩效考核管理体系					
		2.2.1	推广并完善城市办事处市场督导、管理部职员和主管的绩效考核办法				
			2.2.1.1	严格按照办事处《市场督导绩效考核办法》对市场督导每月进行绩效考核	市场部主管	使市场部成员了解绩效考核内容，每月由市场部主管根据《市场督导绩效考核办法》对市场督导进行考核	12 月 10 日 开始长期坚持
			2.2.1.2	严格按照办事处《管理部绩效考核办法》对管理部每月进行绩效考核	管理部主管	管理部职员了解绩效考核内容，每月由管理部主管根据《管理部绩效考核办法》对管理部职员当月的工作情况进行考核	12 月 10 日 开始长期坚持

续表

		2.2.2	建立和执行主管绩效考核办法	管理部主管	根据各区域市场指标、销量指标、区域出货指标、经销商管理情况对各区域主管进行考核，考核结果作为区域经理的奖金评定标准	12月10日开始长期坚持
3	持续提升团队专业素质					
	3.1	建立、完善新员工入职培训流程				
		3.1.1	完善新员工岗前、岗中培训和定期评估制度	区域经理	利用晨会、周会对新员工进行岗位培训和企业文化宣讲，由市场督导做会议记录	12月10日后长期坚持
	3.2	建立和完善城市办事处队员业务技能的培训流程				
		3.2.1	每月对城市办事处全体人员组织学习和技能培训	市场部	利用周会、月会组织全体人员进行销售技能培训，并由业务员作会议记录	每月最后一周
	3.3	实行对离职人员的经理面谈机制				
		3.3.1	经理对每名离职人员采取面谈机制	办事处经理	城市办事处出现离职人员，城市办事处经理必须进行离职面谈	不定期

Q 公司是行业内市场精细化运作的标兵，能够做得这么好，不是一朝一夕之功，而是持续改进的结果。

比如，端终数据的维护就是一项非常繁重的工作，对于数据的提供者——业务代表来说，并没有太多的价值，因为这是他日常接触和运用的信息，完全在他的脑子里。但是对于组织来说，则是非常有用的信息，是组织持续运作所必需的。一旦现有的业务员离职（而这又是经常发生的），没有这些终端信息，后来者将无法承接终端运营工作，有可能一切又要重来。更为致命的是，工作的不连贯性必然导致终端对供应商的不信任。

A 城市办事处将终端信息管理推进到每周更新，非常细致深入，是很多快消品企业难以做到的。

什么是系统支持？“铁打的营盘，流水的兵”就是系统支持。很多企业的老板都非常惧怕人员流失，一是人才难找，二是新人来了适应时间太长，原因就是没有把系统建立起来。Q 公司业务人员的年流动率保持在 15% ~20%，职能管理系统也达到每年 10% 左右的人员流动，而它之所以运营良好，就是因为建立了完善的运营系统。对于人才的依赖就像是一个人的抵抗能力差，不依赖药物就很容易感冒，很痛苦。唯一的解决办法就是增强抵抗力，就是从现在开始增加运动和营养，注意休息和保持身心舒畅。对企业来说就是持之以恒地建立运营系统，别无他法。

在完善基础运营管理中，紧紧围绕绩效管理的主线展开。很多企业在业务层面只实行结果管理，人员绩效主要是看销售业绩，而对过程缺少关注，结果是系统运行越来越没有章法。仅仅是针对结果的激励，必然会导致观念混乱、各自为战、诚信缺失，最终是系统效率的下降和竞争优势的丧失。

一个公司的业务绩效管理、时间管理、行为管理、执行标准化和市场过程指标表现紧密相关。通常，结果性指标可以计算出员工收入可达到的数额，但能拿到多少则取决于过程性管理指标。

6.2 如何管理运营计划

运营计划管理始于战略，基于沟通，重在跟踪，贵在闭环，需要根据企业的实际情况来设计，以保证简单可行。

一、专人负责及相关人员职责划分

运营计划管理可以全面推广，也可以局部应用。在形式上，是自上而下的总体设计，在内容上，是自下而上的层层支撑。

一般来说，在职能部门层面，要统一实施；在业务执行层面，可视具体情况来推广。可以在积极性高的单位先做试点，先进带动后进，逐步展开。

判断业务单位是否适合应用运营计划管理，可以从两个方面考虑：

一是组织的发展阶段。在组织发展初期，团队建设最重要，个性化的发挥更有利于解决生存阶段的问题。因此，对于一些处于生存阶段的业务单位，其业务风格讲究快速反应、出奇制胜，而长期性、规范化运作的价值难以显现出来。处于生存阶段的单位可以等待时机成熟再进行运营计划管理的推广。

二是组织领导人对运营计划价值的认识。理解是第一执行力，单位一把手是运营计划管理的主角，只有对运营计划管理的价值有充分的认识，将其作为日常管理的工具，持之以恒去抓，才能产生良好的效果。

（一）要有专门的运营计划管理人员

运营计划管理时间周期长，控制环节多，涉及面广，必须要有一套组织系统来加以管理。

在公司层面，可以设立专职的运营管理岗位；在各职能部门和执行型的业务单位可设置兼职的管理岗位，各职能部门的运营管理职能应由部门经理承担，由部门领导自己来做。如果部门设有秘书，可以由秘书分担一部分资料整理和文档性工作，但不能让部门领导脱离运营计划管理，出现“两张皮”情况，即管理系统与实际工作脱离。

（二）相关责任人的职责

1. 主管领导职责

公司总经理或主管运营的副总经理是公司级运营计划的责任人，负责运营计划的组织、编写、讨论和发布，并对运营计划运行的情况进行监控、考核和优化。

公司的战略管理部门或综合管理部门协助总经理对运营计划的全过程进行管理。

2. 运营计划管理岗职责

运营计划的归口管理部门一般为综合管理部门或战略管理部门。不同的企业，部门设置有所不同，可以放在总经办，也可以放在企划部。

运营计划管理岗位的主要职责为：

（1）协助总经理、副总经理对公司的运营计划进行全面管理。具体工作包括：

- 推进运营计划管理系统的持续优化。
- 根据公司的战略和年度经营计划编制年度运营计划并组织论证。
- 发布公司年度运营计划并监控内容在职能部门和业务单位

的落实。

- 对运营计划的实施情况进行评估并提出改进方案。

（2）制订运营计划管理流程并作为流程的责任人。

（3）指导职能部门和业务单位开展年度运营计划管理和月度运营计划管理。

3. 职能部门责任人职责

职能管理部门责任人负责本部门运营计划的编写、实施和评估。部门计划就是部门责任人本人的计划，是部门责任人业务推进和部门管理的工具。

部门责任人的主要职责为：

（1）按照公司年度运营计划管理流程，参与公司运营计划管理，发挥积极作用。

（2）承接公司的年度运营计划并与相关部门做好协同，按时完成本部门年度运营计划的编写。

（3）组织部门内各管理岗位编写年度运营计划，以保证部门年度运营计划的落实。

（4）建立部门月度运营计划管理机制，以月度为周期，实行PDCA 循环，推进年度运营计划的实施、评估。

说明：部门副职领导在运营计划体系下，作为管理岗位看待，应该有本岗位的年度运营计划和月度运营计划，支撑本部门的计划内容。

4. 业务单位管理人员职责

业务单位按照公司的部署开展运营计划管理，承接公司年度运营计划的内容，对接各职能部门的工作。

5. 管理模块责任人职责

管理模块（岗位）责任人的计划，就是该模块（岗位）

计划。

二、运营计划管理流程

运营计划管理流程是战略管理流程的子流程。我们先看一看战略管理流程的总体结构，虽然说不同企业的管理节奏不一样，但大体如下：

（1）1月、2月完成公司上年战略执行回顾。

（2）3月、4月完成上年行业运行和主要竞争对手经营情况的信息收集和分析，其中行业运行要从不同的专业角度来分析，如品牌、消费者行为、替代品影响、政策、竞争方式等。

（3）5月、6月战略管理部门完成战略反思，评价上一年度的战略得失，找到未来的战略调整方向。

（4）7月完成公司内部的市场调研，了解上半年执行层面碰到的问题，了解全年经营目标达成的前景，收集基层对未来战略方向的意见，设定下一年度经营目标。

（5）8～10月组织公司高层的战略研讨，完成战略调整和下一年度经营目标的设置。

（6）11月、12月完成运营计划编写发布、预算确定、目标责任书签订等工作。

有远见的领导者，下半年就开始思考来年的工作。公司层的运营计划管理部门，从10月开始与总经理或分管运营的副总经理进行沟通，确定运营计划的框架性内容，即构建运营计划的第一层、第二层。

公司战略规划完成后，11月上旬组织由总经理、各职能部门及核心市场负责人参加的运营计划讨论，形成公司层面的年度运营计划，并于11月底前发布。在此过程中，公司的预算工作也在并行，从而保证工作计划与预算的对接。12 月初进行职能部门和业务单位的年度运营计划编写，并于 12 月中旬完成。岗位的年度运营计划编写也同时展开，于 12 月底前完成。

三、运营计划模板

标准化的运营计划模板，有利于统一思考方式和正确理解，为计划的执行和回顾创造条件。

以下是摘自某快消品企业销售公司的年度运营计划的部分内容（如表 6－4 所示），可以帮助我们理解运营计划的基本结构。

表 6－4　2011 年××销售公司年度运营计划

<table>
<tr><td>使命：</td><td colspan="5">全面保持××品牌在中国××行业的领导地位</td></tr>
<tr><td>目标：</td><td colspan="5">1. 优化结构，持续提高盈利能力。
2. 打造基地市场，提高市场占有率。
3. 持续提升××品牌溢价能力。
4. 持续提升渠道能力。
5. 提高供应链系统运营能力，支持公司市场竞争能力的提升。
6. 提高营销费用使用效率，降低财务风险。
7. 持续改进人力资源管理体系，打造行业最有竞争力的营销团队。
8. 持续完善销售公司管控体系，提升系统运营能力。</td></tr>
<tr><td colspan="6">批准人：　　　编制人：　　　计划制定日期：2010 年 11 月
计划周期：2010 年 12 月－2011 年 12 月</td></tr>
<tr><td>编号</td><td>目标/战略/战术</td><td>责任人</td><td>协同人</td><td>衡量标准和完成标志</td><td>计划完成时间</td></tr>
<tr><td>1</td><td>优化结构，持续提高公司盈利能力</td><td>刘华</td><td></td><td></td><td></td></tr>
<tr><td>2</td><td>优化××品牌和品类结构</td><td>赵力</td><td>林元、各单位总经理</td><td>2011 年翡翠产品 1.7 万吨，金质产品 31 万吨，经典产品 125 万吨，活力产品 10 万吨，超爽产品 64 万吨，礼盒装 47 万吨，散装 32 万吨</td><td>2011－12－31</td></tr>
</table>

续表

3	制订××品牌的优化方案	朱明			
4	打造基地市场，提高市场占有率	孙丰	陈忠		
5	持续提升江苏省级核心基地占有率	王强	相关部门总经理	1. 市场销量增长率（力争指标）6% 2. 市场综合占有率：53%	

这个模板可以用于各层级的年度计划，也可以用于各层级的月度计划。保持模板的一致性，有利于理解和协同。当然表格的内容还可以进一步丰富，在EXCEL表格上向右延展，可以确定各项工作的权重，记录工作执行的过程，对工作进行总结，也可以设置进度标尺，标示工作进度。对模板的主要结构进行说明：

标题：显示三个信息，一是计划的时间，二是计划所属的单位，三是计划周期（年度/月度）。

使命：在公司使命的指导下，各级部门/单位都要有自身的使命，以指导各项工作的规划和设计。在进行工作规划和回顾时，都要养成重温公司和本组织愿景和使命的习惯。

目标：是本部门/单位支撑战略、体现自身价值的框架性表述，指明工作持续优化的方向。

批准人：制表人和批准人的信息应赫然显现，以彰显计划的严肃性。

目标/战略/战术：是一个动态的概念，指运营计划的三层内容。每个部门和单位都有自身的功能定位，这是长远的目标。战略就是为了达成长远目标要坚持做好的工作，战术就是在具体的时空点上为实现局部的目标所采取的行动。从上一级承接下来的内容，一般放在第二层，作为部门或单位的工作重点。这是技术含量最高的内容，将在下一小节中专门说明。

责任人：只填一个人的姓名，确保责任的明确和工作的可追溯。责任人的指定以能否对工作的目标负责为原则，要避免领导只挂名、不具体负责的情况。

协同人：尽量是自然人，也可以是部门。如果协同的情况比较复杂，一时难以理清，可暂用部门或岗位代替。

衡量标准和完成标志：要尽可能量化，一是要有计算的办法，二是要有目标值。如果确实没有办法进行量化描述，则从呈现文件、呈现方式上明确描述。如工作无法衡量，就要继续往下分解下去，通常颗粒度可以细化到“一个人或单元一周的工作量”。要素描述是否清晰，决定了运营计划的后续管理的质量。

计划完成时间：就是完成工作的时间。什么时候开始某项工作，责任人应结合资源配置的情况提前思考。确定完成时间要考虑相关工作的逻辑关系，确保工作整体推进的合理性。

6.3 运营计划管理要起到三个作用

与战术相比，策略具有相对的稳定性和持续性，其目的不是对敌出其不意，而是形成一种优势力量，使自己在竞争中处于主动地位。这种策略的优势是一个积累的过程，需要组织的各个部门形成良好的协同来共同打造，因此明确公司策略的目的是提高内部协同效率。

运营计划从战略层面承接了什么工作任务？首先，战略最重要的内容是打造核心竞争力，这是一个跨年度的工作，需要很多部门持之以恒地努力才能完成。打造核心能力的举措就是战略举措，因此运营计划中一定要清晰地呈现这些战略举措。其次，一定要支撑年度经营目标，所以年度重点工作的梳理不能有遗漏；最后，就是要将组织的协同关系清晰地呈现出来。

运营计划的价值体现在以下三个方面。

一、保证运行的有序和稳定

构建运营计划的逻辑框架是结构稳定，长期与短期结合。每一级的计划都由三个层次组成：**第一层是长期的、相对稳定的战略主题，**这个主题由本级组织与上一级组织共同深入讨论后确定，长期保持。如果需要改变，需要与上一级组织讨论，获得批准后才能调整。在公司级计划中，上级就是 CEO 乃至董事会。**第二层为重大举措。第三层次为具体行动。**

具体来看，在公司级的运营计划中，第一层为公司的核心竞争力主题和系统建设的发展方向，第二层是支撑当年经营目标的重点工作，第三层是年度的重要行动。

在职能部门的运营计划中，第一层是基于部门定位的主要职责和价值创造，第二层是承接公司运营计划中第二层、第三层的内容和本部门职能发展的年度重点工作，第三层是第二层工作在月度时间上的展开。

在岗位级的运营计划中，第一层是基于岗位职责的价值创造，第二层是承接部门第二三层次的工作内容以及岗位价值发展的内容，第三层是年度、月度工作的具体展开。

具体如图 6 –2 所示。

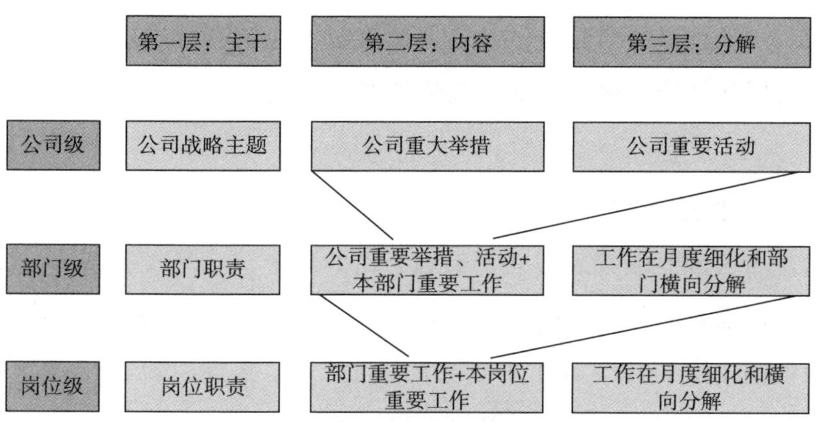

图 6 –2　构建运营计划的逻辑框架

对于部门和岗位，必须引入月度运营计划，一是因为年度运营计划的内容会随着实际经营情况的变化而改变，二是有一部分工作来自上一级会议、客户、协同部门和岗位所触发的其他工作。

二、提高组织横向协同的效率

提高组织效率的关键是横向协同，这是组织计划设计中最难的，也是最有价值的部分。

（一）帮助提高战略的配称性

战略配称性是战略管理的重要理念，这个理念只有公司高层才有能力付诸实现。为了让战略配称性体现在公司的年度运营计划中，需要由公司 CEO 来担任年度运营计划的责任人，审核公司的年度运营计划。

如何在资源制约条件下通过年度运营计划的设计，实现战略的连贯性，保证策略的有效性，做好目标与资源的匹配，这是 CEO 经营智慧的表现。作为经营决策层，并不欠缺前瞻性眼光和综合性的思考，**所缺少的恰好是将其完整地呈现出来，并为下属所理解和执行，形成组织的前瞻性和协调性。**

（二）优化职能部门之间的协同性

职能部门之间协同性差的一个主要原因是**工作规划和资源配置没有做细、做好。**如果在编制公司的年度运营计划过程中，把各部门重点工作的协同方式和责任描述清楚，让各职能部门在制定部门年度运营计划时将时间节点讨论好，再通过流程在细节运行上做保障，协同就有了基础保障。

三、保证向下执行不变形

如何将公司战略和职能战略的内容落到业务单位中，是一些企业经营者头疼的问题。运营计划内容层层向下梳理，正好有效地解决这个难题。

产销一体的业务单位必须进行战略规划和运营计划编制。公司的战略管理部门和营销管理部门要深入业务单位，对业务单位的年度规划和年度运营计划进行会审，保证公司战略内容的落地。

如果业务单位的功能是执行，并没有自身的战略规划，就应该由公司的业务主管部门与业务单位一起来完成年度经营计划。虽然计划沟通的过程比较长，但花这个时间是值得的。

“计划的过程大于计划本身”，也就是说，通过计划过程的讨论，公司经营思想和原则已经得到良好的沟通，增进了上下级的了解，已经为以后的计划调整打下了良好的基础，并培育了组织的协同能力和快速响应能力。

有些大型企业年度计划的酝酿和编制周期非常长，大体分为两个阶段：

第一阶段是战略沟通阶段，通常是在每年的8月、9月，目的是让职能部门充分了解市场情况和业务单位的经营情况，为职能规划和公司战略规划提供信息和思路。

第二阶段，就是确定公司战略规划和下一年度目标之后，主要职能部门要与业务单位进行目标沟通，同时确定业务策略和资源配置，完成年度运营计划的具体内容。

对于中小型企业，工作可以安排得紧凑一些，年度计划可以作为第四季度的一项主体工作。

公司级运营计划管理部门通过对业务单位的年度运营计划进行审核，指导业务单位开展月度运营计划管理，解决纵向不一致的问题。

第七章
从职能和业务两个方面评价战略落地

运营计划保证公司重要战略举措的实施，市场表现检验战略落地的结果，两者是相辅相成的。只有战略举措的实施，没有市场结果的验证，战略可能本身就是错误的，必须尽快调整。反之，战略举措没有做到位，而市场结果表现良好，说明战略管理并没有起作用，良好表现也是不可持续的。

7.1 运营计划的考核与绩效

一、如何考核运营计划

运营计划的内容是由年度经营策略转化而来，必须对其执行情况进行严格的考核。运营计划的考核过程应该严谨透明，考核办法和运营计划必须同步发布。具体的考核基本原则如下：

（1）以衡量指标的达成证明工作完成。

（2）对于不能量化的工作，按描述标准完成，考核时由考核方与被考核方讨论达成一致。

例如，为了便于统计将得分率分为三档：100% 达成，75% 达成，0 达成。如最后不能达成一致，以考核人的意见为准，如被考核人不服，可以直接向总经理提出申诉，最终以总经理意见为准（三档中的某一档）。描述性项目考核得分率最高为 100%。

（3）**对于量化指标，进行分段考核**。例如，实现指标高于考核指标时，该项得分值为权重分乘以指标达成率（如指标达成超目标20%时，则得分率为120%，最高不得高于120%）。如果指标未达成，但不低于目标值的85%，则得分率等于指标达成率。如果指标达成率在75%～85%，则得分率等于指标达成率的70%。如果指标达成率低于75%，则得分率为0，即该考核项不得分。

（4）由于协同人未协同或协同不到位造成的未达标项目，责任人有权向运营计划管理岗位说明，要求协同人补偿50%损失分值，经核定后执行。

（5）考核总分值大于120分时，以最高120分与绩效对接。

二、运营计划与绩效管理相结合

在日常管理中，职能部门的绩效管理也是一个难点，因为职能工作不直接产生经营结果，且工作量和工作效果也难以量化，而运营计划正好为职能部门的绩效管理提供了充分的依据。当将职能工作中的大部分工作和业务运行中的重要工作都纳入运营计划进行管理，完全可以将运营计划考核的结果与绩效管理对接。

运营计划本质上是从结果和目标倒推过程，对主要经营活动进行设计，并将责任层层落实到人的身上，从而通过控制过程来实现预期的效果。运营计划并不是让管理僵化，脱离动态的工作环境，相反，是使片段化、多样化、行动型、口头式的管理过程不至于偏离目标太远。

战略、组织、运营是管事的视角，强调的是结构和机制；人员、执行、绩效是理人的视角，强调的是动能和结果。

为了将管事与理人两个方面统一起来，必须将运营计划与绩效管理结合起来，如图7－1所示：

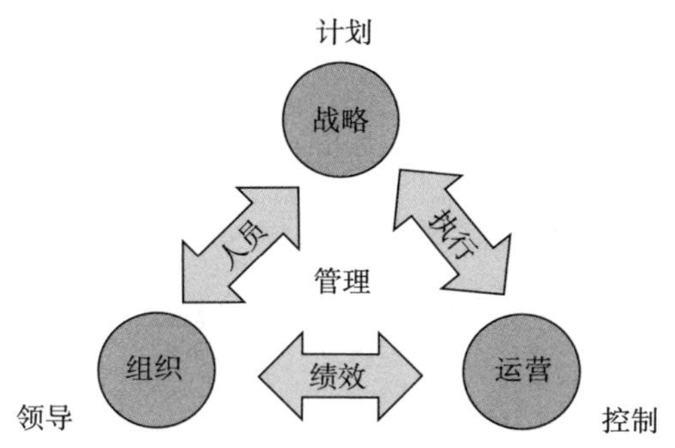

图 7-1　管事与理人的结合

（1）年度运营计划与绩效计划是同步的，各层级年度运营计划的衡量指标完全覆盖相应层级的关键绩效指标（KPI）。

（2）运营计划的编制和回顾过程也是绩效沟通与辅导的过程，可以很好地保证绩效管理过程的有效性。

（3）年度运营计划和月度运营计划的考核，可以构成绩效考核的主要部分（可因部门/单位、岗位性质的不同，权重有所差异）。管理者与被管理者共同对计划执行的情况进行回顾，就是对管理周期的绩效成果进行检验和反馈。

（4）年度运营计划和月度运营计划都有持续优化的机制，与绩效诊断和绩效提升的形式和内容完全吻合，通过计划回顾，使下一周期的工作目标、运营水平、人员效率有所提高。

三、职能系统的绩效管理

（一）部门组织绩效

职能系统的绩效管理是一个大难题，一是由于涉及大量的事务性工作，二是因为工作的内容太多，三是易受到其他因素的影响。

无论是 360 度考评，还是领导一言定乾坤，都会有失偏颇，而运营计划为职能绩效考核提供了有力的依据。而且为了实现职能与业务的对接，职能部门的绩效应与公司的经营业绩挂钩。

图 7－2 是某业务导向型企业的职能部门的绩效结构。

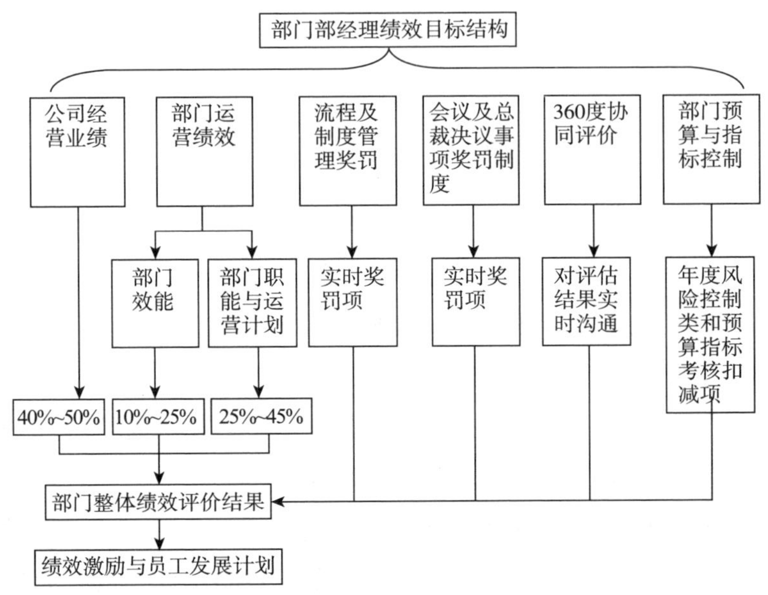

图 7－2　某业务导向型企业职能部门的绩效结构

部门的日常工作由运营计划内容和部门职责履行的效能两部分组成。部门效能涉及的是日常流水型的业务，作业标准化高，可以设置管理指标来进行管理。对部门效能提升的管理优化工作，涉及面比较大，可以作为运营计划的内容。

（二）部门内部人员的绩效结构

随着年度计划管理走向完善，可以将运营计划逐步导入职能人员的绩效中，也就是提高职能人员绩效结构中的运营计划权重。

下面的案例从运营计划、临时工作、内部协同、跨部门协同和工作态度 5 个方面对职能人员的工作进行考核，其特点为：

（1）临时工作源于直接主管和部门领导的突发性安排，临时性工作由直接主管来评价。对于操作性强的岗位，直接主管的评价权重大一些。

（2）运营计划的权重在不同性质的岗位中权重有差异，管理性强的岗位权重大，操作性强的岗位权重小。

（3）设置部门内部协同评价，只涉及责任以下的员工，目的是增进内部的协同。

（4）跨部门协同的责任由模块责任人承担，如产生其他部门对工作的投诉，影响模块总监的绩效。

（5）工作态度是部门总经理对模块总监和主管经理两级工作态度的评价，主要是评价工作的严谨性、创新性和学习力。

具体如表 7－1 所示。

表 7－1　职能人员的考核

职务			主要职责	运营计划绩效权重	部门经理评价工作态度权重	部门经理临时增加工作量权重	直接主管绩效权重	部门员工协同绩效权重	跨部门协同权重
公关文化总监			公关管理、危机管理、企业文化、行政文秘、工会工作	50%	10%	30%			10%
	公关经理		公关管理、危机管理	50%	10%	5%	25%	10%	
	文化经理		内刊编撰及发行、企业文化建设、对外文化传播	50%	10%	5%	25%	10%	
		文化专员	文化管理，内刊编撰发行	60%			30%	10%	
	行政经理		行政后勤工件（前台、车辆、接待、后勤、运行费用），工会	50%	10%	5%	25%	10%	

续表

职务			主要职责	运营计划绩效权重	部门经理评价工作态度权重	部门经理临时增加工作量权重	直接主管绩效权重	部门员工协同绩效权重	跨部门协同权重
		行政职员	后勤服务、工会、计生	30%			70%	10%	
		行政/前台	票务、订房、车辆调度、前台接待、后勤兼保洁	50%			40%	10%	
	文秘经理		总裁秘书工作，中心级会议计划及资料管理，半年及年度工作总结	50%	10%	5%	25%	10%	
		文秘专员	收发文件、档案管理、催办	40%			50%	10%	
运营总监			体系运营、流程管理、管理审计、知识管理、资产管理（车辆）	70%	10%	10%			10%
		内审高专	管理审计、资产管理	50%			40%	10%	
	流程经理		流程管理、制度建设、管理审计	60%	5%	5%	20%	10%	
	运营经理		运营管理、部门运营计划及绩效管理	60%	5%	5%	20%	10%	
	车管经理		车辆管理（资产、采购、安全）	50%	10%	5%	25%	10%	
		行政职员	车辆调度兼内勤	50%			50%	10%	
法务总监			合同管理、诉讼管理、打假维权	70%	10%	10%			10%
	法务经理		依法运管、诉讼管理、危机协同	50%	10%	5%	25%	10%	
		法务高专	合同管理	60%			30%	10%	

是不是经营目标达成了，就说明战略执行到位了呢？显然不是的。

首先，经营目标只是年度的财务目标，而战略管理应该更关注中长期的战略目标，包括行业地位、系统效率、核心能力等方面。

其次，即使从管理指标来看系统运行效率良好，也不能判断在市场上我方业务表现与竞争对手的差异。

最后，业务活动与结果之间有时间差，可能存在一些业务人员以违规的手段达成业务目标，而不良行为的贻害要几个月以后才显现出来。

所以，要评价战略落地情况和策略的有效性，必须要到市场去看。

7.2 到市场实地去看战略落地的效果

一、在同一个语境中对话

人们往往习惯于站在高处俯瞰全局去谈战略、谈执行，而业务一线习惯于在具体的情景中谈目标、谈方法，两者语境的差异使双方很难谈到一起，更难以达成共识，最终是下级服从上级，或者上级放任下级，两者都难以解决战略落地中的策略有效性问题。

一个人视野的高度是阅历的积累，不能强求一线人员进行全局性思考，唯有高层深入一线，以一线相同的视野去观察问题和分析问题，并在过程中将业务一线的思维提高到一个新高度。

对于多采用大规模分销的快消品行业来说很多企业是根据销售结果和业务层面的市场报告来做决策的，这并不可靠！因为销售的流通渠道太长，而市场竞争的战术变化太快，依靠这种滞后和过滤过的信息所做的决策必定是脱离实际情况和不能满足快速反应需要的。

价格是经营的关键。消费者愿意为我们的产品支付多少价钱呢？很多企业的高层其实并不知道，也不去关心，市场处于放任状态，所谓的营销管理也只是纸上谈兵。

为了掌握终端的销售信息，青岛啤酒的营销领导会在不暴露身份的情况下，直接向饭店吧台的收银员和士多店的小老板询问，其基本方法为：将有销售的品牌品种拿到柜台上，然后逐一询问各品种的价格，按价格从高到低排列起来。

先问哪一个品种销售量最大，每天能卖多少瓶，然后问销售量排第二的品种是哪一种，每天能卖多少瓶，依次问。如果店员说不清楚具体的数据，则设法让她把销量多少的次序排出来，再结合总销售量、最大销量和最小销量的销售数据，把各品种的销售数据大致推导出来。

了解各产品的促销政策，以及有促销和没有促销情况下的销量情况。

了解各产品的生产日期、送货周期及对过期产品的处理办法。

了解各方业务人员拜访的周期和拜访过程中的常规动作。

了解消费者反馈的意见。

以上拜访的询问过程是在终端比较密集的条线上连续进行，对于首次调研的市场，每次不少于 10 家，对于熟悉的市场可以进行踩点抽样。有了以上的信息，终端的竞争情况就清清楚楚了，基于这样一个市场图像所做的决策会更加有效。对一线信息的把握和采取市场行动，是检验一线业务经理的重要标准，因此终端巡查也是发现业务人才的途径。对于走向规模化市场管理的企业，那些仅仅懂得游说经销商发货的“老业务”已经不太适合系统的需要了。

不仅是终端执行，在区域市场总体策略上，也需要上下认知目标一致，否则决策难以达到预期的效果。

青岛啤酒 2005 年之前的湖北市场，由于市场投入不足，以及当地生产的产品质量不稳定，局面一直打不开。基层领导人频繁更换，已经成为青岛啤酒华南区的心病。

如何解决湖北四间工厂满产的问题，是当地营销团队的首要责任。湖北有庞大的低端市场，主要被金龙泉占据，而从品牌定位的角度看，青岛啤酒主品牌的价格不可能降到符合当地低端消费者的要求。因此，对于低端的市场容量，以什么产品去占领，是新任销售总经理首先要解决的问题。

当时，一线人员反映最强烈，认为原有的地方品牌，如“九头鸟”等已经没落，产品的品牌力不行，引入青岛啤酒产品，价格又太高，必须放弃。

引入什么新的品种呢？新经理认为有两点是必须解决的，一是要借力青岛啤酒主品牌，否则产品很难推；二是要充分调动渠道的力量，快速把产品铺出去，也就是在价格上要有吸引力。于是他提出引进一个“青岛优质”500ml 装品种（俗称“小优”），重新设计价格链。

华南区基于产品整合的思路，认为不能再引入新品种了，提出可以使用现有的“青岛 2000”，但价格不能太低，以免对周边省份的市场造成冲击，这样在瓶型、品牌宣传上整个华南区具有一致性，也符合品牌整合的大方向。结果，基层的差异化要求与上层的一致性要求形成了冲突，双方吵得很厉害。

为了保证基层业务的积极性，完成销售目标，青岛啤酒最后还是同意开发一个“小优”品种。但结果又失败了，因为这样一个品种得不到总部品牌资源的支持。后来，青岛啤酒进一步明确“1 +3 品牌战略”，增加对子品牌“山水啤酒”的投入，由华南区重点培育有地方亲和力的子品牌。湖北市场转而以“山水啤酒”占据低端市场，公司总部和华南区都加大对“山水啤酒”的品牌投入，后来湖北的低端业务才慢慢有了起色。

消费者需要什么？同样的啤酒，以不同的卖法、不同的吆喝卖，就有不同的效果。消费者对产品的质量、产品的信心、品牌的影响力、购买的方便性和价格都很关心。湖北市场引入“小优”，虽然在价格上、品牌关联性上满足了消费者的需求，但是没有在市场活动上跟进，没有让消费者听到吆喝声，引不起他们的兴趣。只有品牌宣传、产品销售和消费者体验同步的时候，才能起到激发消费者消费欲望的作用。

青岛啤酒的品牌资源投放到公司定位的品种上，而在销售网络上的投入比例就要相应下降。因此，整个公司在低档酒的运作上一直找不到好的方法。基层业务原希望以新品种抢占低端市场来增加销量，这是违背业务逻辑的。后来公司上下统一对低端市场的关注，统一对低端市场的发展策略，统一运作子品牌，基层跟着一起走才成功。

因此，不管组织的层级有多少个，巡回诊断的对象只有一个，就是一线市场。各个管理层级在统一的框架下，层层展开市场巡回诊断，达到信息共享、认识一致。

二、如何做市场巡回诊断

一个业务覆盖全国的消费品企业，其业务组织通常会分为三级，即公司级、省级和城市级。

（一）三级市场巡回诊断管理机制

1. 市场巡回诊断目标

市场巡回诊断的工作内容和步骤要按既定的方式展开，切忌走马观花。下文给出了消费品行业市场巡回诊断的内容框架。

（1）**分析市场开发战略的执行情况，**重点包括以下内容：

- 市场布局是否到位，基地市场建设是否按要求推进。

● 品牌品种结构优化和整合方向是否与既定的规划一致。

● 产品线和终端产品进店组合政策是否执行到位。

● 经销网络结构和经销商发展策略的实施情况如何。

● 评估组织运作模式，评估经理队伍的理念和专业素质。

● 根据区域定位，确定未来三年的利润目标、分品牌、品种销量目标和具体市场目标。

（2）**分析各区域生产单位的经营情况**，重点包括以下内容：

● 产能利用情况和盈利情况。

● 工厂预算、原材料涨价和生产厂生产线品种能力对市场的支持程度。

● 产销协同存在的主要问题。

● 分析区域工厂税收和优惠政策。

（3）**制订市场策略和产品线策略**，重点包括以下内容：

● 制订可长期解决工厂亏损的市场策略。

● 制订工厂产品线优化的策略。

（4）**发现并解决公司体系存在的问题。**

重点是确定各职能部门当前主要工作重点和一体化运营规划的方向，提出强化职能平台建设的目标。

（5）**发现并解决公司和工厂管理中的问题**，重点包括以下内容：

● 公司和工厂组织结构的持续变革。

● 公司和工厂预算管理和费用管理方法。

2. 市场巡回诊断组织体系

对于一个大中型的消费品企业，其营销业务组织通常会分为总部、省和城市三级，以下阐述这三级巡回诊断组织的权责分配。

（1）总部级巡回诊断组织体系及其职责。

• 营销副总（如果由总经理主抓营销，也可以是总经理）任巡回诊断小组组长，相关部门领导参加，战略规划部作为常务机构。

• 营销副总牵头组织总部级市场巡回诊断及其诊断会议，提出决议事项。

• 公司总部其他领导应积极参加公司级市场巡回诊断及其诊断会议，提出决议事项。

• 战略规划部负责组织具体的巡回诊断活动，制订工作行程和会议议程，提报诊断材料，组织落实推进计划的决议事项。

（2）省级巡回诊断组织体系及其职责。

• 省级销售组织的总经理任省级巡回诊断小组组长，牵头组织省级市场巡回诊断及其诊断会议，提出决议事项。

• 本单位其他省级领导和销售部、市场部经理参加并组织省级巡回诊断。

• 其他职能部门经理、区域专员和城市办事处经理、市场督导根据工作需要参加省级巡回诊断。

• 公司职能部门领导和管理人员应轮流参加各省级巡回诊断。

（3）城市级巡回诊断组织体系及其职责。

• 城市级区域经理任本区域的巡回诊断负责人，牵头组织本区的巡回诊断或协同业务代理拜访，发现问题点，提出改进事项。

• 区域专员或市场督导参加并组织大区巡回诊断。

• 区域业务主管根据工作需要参加大区巡回诊断。

• 公司职能部门领导、管理人员、省级单位的领导和管理人员应有直接参与城市级区域巡回诊断的安排，以把握城市级区域巡回诊断的操作流程和工作质量。

• 如果组织的结构比较简单，人员不可能铺排太多，则可以采取一人多能互相制约的办法，但以上的功能不宜减少。

（二）市场巡回诊断运作机制

本部分以快消品企业为例，细述市场巡回诊断的运行机制，以确保准确把控一线市场情况。企业可以根据自身对市场掌握的深度来建立机制，基本原则是：①了解最前端的信息；②了解真实的情况；③多层次的管理人员共同面对。

1. 总部级巡回诊断运作机制

（1）每月初，战略规划部分析省级区域的经营指标，识别问题，提出诊断需求。每月 2 日前制订诊断计划，经诊断小组组长批准后下发诊断区域。

（2）战略规划部实施巡回诊断计划。

• 在诊断会议前一周，组成诊断小组，确定本次诊断的主要目标和分工，分头开展诊断工作。

• 协助准备经营数据回顾，重点包括：诊断区域月销量分析报表、财务报表、工厂月度经营报表以及内部各项有关销量的表单。

• 跟进重点诊断区域和项目的执行情况，包括公司当年战略的执行和上次诊断决议的执行情况。

（3）诊断小组组长组织召开市场诊断会议。

• 战略规划部在会议前 3 天确定会议议程，报诊断小组组长审批。

• 会议议程内容主要包括工厂的经营情况汇报、公司经营指标汇报、公司安排的其他议程汇报。

• 以头脑风暴方式共同讨论市场问题的解决方案。

（4）战略规划部发布巡回诊断结果：诊断会议后 2 个工作日内，会议记录人员整理好决议事项推进计划报领导签批。会议记录人员发布推进计划。

（5）省级区域回顾决议事项推进计划的执行情况。

• 省级区域将推进计划纳入月度运营计划中，每月对执行情况进行回顾。

• 省级区域每周回顾推进计划的执行情况。

• 战略规划部每周跟进推进计划的执行情况，每月进行总结，将相关资料信息共享到平台，让有权限的管理人员参考。

2. 省级巡回诊断运作机制

（1）每月初，省级领导分析城市区域的销售数据指标。

• 识别出存在的主要问题，提出诊断需求。

• 省级销售部提前 3 日制订诊断计划，经诊断小组组长批准后下发诊断区域。

（2）省级销售部实施巡回诊断计划：选取重点诊断区域和项目，包括省级区域当年战略目标的执行和上次诊断决议的执行情况。

（3）省级领导组织召开市场诊断会议。

• 省级销售部在会议前 3 天确定会议议程，报诊断小组组长审批。

• 会议议程内容主要包括大区经营指标汇报、省级安排的其他议程汇报。

• 以头脑风暴方式共同讨论市场问题的解决方案。

（4）省级销售部发布诊断结果。

● 诊断会议后3个工作日内，会议记录人员整理好决议事项推进计划报省级领导签批。

● 会议记录人员发布推进计划。

（5）城市办事处回顾决议事项推进计划的执行情况。

● 办事处将推进计划纳入月度运营计划中，进行月度执行情况回顾。

● 省级职能部门每周跟进推进计划的执行情况。

（6）省级业务单位总经理每月至少巡回诊断12天。

3. 城市办事处巡回诊断运作机制

（1）每周在城市区域市场至少协同业务代表拜访3个工作日。

（2）每月到县级区域市场至少巡回诊断1次，发现主要市场问题和改进点，列入下月度营销计划中。

（3）每月初对上月度营销计划进行回顾，制订下月度营销计划。

（三）市场巡回诊断专业化工具

根据三级巡回诊断组织每次设定的目标，选用下列一个或若干个工具，开展市场诊断工作。

1. 市场布局和区域定位

（1）评估区域内竞争态势的变化，如市场容量、行业发展趋势及增长率。

（2）评估基地和战役市场开发的进展。

上述评估得出下列结论：

● 基地和战役市场开发的问题点和机会点。

• 其他区域市场是否有新出现的机会点。

2. 产品使命、定位和价格链

• 评估产品的使命和定位，是否偏离了规划。

• 评估各档次产品占有率，确定第一竞品。

• 评估产品线的新机会，看是否需要增加新产品，是否要调整产品定位等问题。

• 分析产品价格链，评估公司产品和竞品的价格驱动力。

• 评估产品进店组合的执行情况。

3. 经销网络布局和网络结构

（1）评估经销网络布局和结构优化：

• 城市、县城和乡镇网络布局，是否存在空白区域。

• 经销商是按照品种划分还是区域划分，结构图如何，是否需要进行结构优化。

（2）评估二批商的经营能力：

• 二批商是与竞品共用还是专营。

• 经销商和二批商在终端管理上如何分工，如何投入终端资源，能否掌控终端。

（3）评估大客户发展策略：

• 大客户资源、能力和发展愿景，是否匹配市场战略目标。

• 大客户增量方案，能否确保其快速成长。

• 大客户的组织转移、费用下放、管理输入情况。

（4）评估经销商激励机制：

• 大客户和经销商超目标激励机制。

• 二批商的激励机制。

4. 渠道和终端

• 评估渠道终端分布、进店产品和店内各品牌产品占有率。

- 评估终端占有率。
- 评估终端管理指标及各类指标终端占有比率。
- 铺货率。
- 有效销售。
- 活跃终端。
- 终端锁定。

5. 品牌推广和促销活动

- 评估区域的媒介投放和推广活动。
- 评估终端品牌运作。
- 终端动销方案。
- 终端生动化。

6. 业务运作模式

（1）评估组织架构。

（2）评估业务运作模式：办事处运营管理和渠道二批商管理。

（3）评估绩效管理：业务人员绩效考核和激励机制的有效性。

（4）评估经理人的个人能力。

7. 财务管理

评估营销费用管理模式及其四种费用（品牌费用、促销费用、物流费用和运行费用）之间的比例。

第八章
坚持战略回顾与持续改进

战略具有前瞻性、系统性、稳定性，但并不代表制定的战略举措是一成不变的，相反，需要不断地微调。战略回顾就是把握战略执行的情况，及时做出调整，实现持续优化。

那么战略管理与日常的管理有什么区别呢?

一是战略调整的周期比较长，一般为一年，对于支撑当年经营目标的经营策略可以按权限适时调整。

二是战略调整之前需要系统思考和专业分析，需要与整个行业及竞争对手的情况相比较后作出判断。

三是战略调整需要平衡资源与目标、存量与增量的关系。

战略管理不是灵丹妙药，而是一个系统的、渐进的过程。管理提升往往比业务突破更加困难，因为业务的突破可能会因把握了机会而短期实现，而管理的提升只能是一个渐进的持续优化过程。

而且，由于职能管理的效果有较长的滞后性，职能部门的指导和政策会受到来自业务层面的挑战，此时，如果高层领导没有前瞻的眼光，缺少耐心和定力，迷茫，不经意间流露出对职能管理的轻视，就好像无形中打开了本来就潜藏于职能部门内心深处的“潘多拉盒子”——**“多一事不如少一事”，那么离战略管理失败就不会很远了。世界上最难的就是坚持，而战略管理的本质正是坚持。**因此，如果说战略管理难，那么难度不在于它有多么复杂，而在于建立了管理系统之后能不能持之以恒地运行。

8.1 管理者角色的转型

管理者的角色转型是企业实施战略管理的重要内容。如何转？亨利·明茨伯格将管理者的角色分为三类：人际角色、信息角色和决策角色。如何才能做好这三个角色呢？答案就是深入基层。

只有信息准确，才能决策正确。任何一个组织都强调各级管理者要深入基层，企业的管理者，特别是营销的高层管理者，一定要深入一线市场，看自家产品与竞品在终端的表现，了解用户对不同品牌的评价，发现顾客未被满足的需求是什么，而且更为重要的是，了解一线业务人员工作中的困惑。因为困惑就是影响效率的原因，就是高层要去解决的难题。困惑并不能自行解决，会像病毒一样传染、蔓延，影响士气、涣散军心。

困惑问题通常是诚信、公平和资源配置的冲突。什么是资源配置的冲突呢？比如，一方面强调业务代表要解决客户的问题，另一方面给业务代表的权限和资源却不足。比如，由于标准不细，不同的业务代表和经理的权限和资源不一样，造成内部博弈。

从裁判向教练转型：

一是提高决策水平。在策略导向的业务模式下，策略执行是否到位至关重要，而这个答案必须要到市场一线去直接观察，如价格、陈列、新鲜度等，从业务报表上是看不到的，必须到一线直接观察。

二是从一线业务员的视角去发现问题、分析问题，然后在不

同层次上解决问题。各级管理人员有了对一线现状的统一认识，再追溯管理的问题就能抓住重点。上层与基层共同面对问题，一起讨论，寻找解决方案，是最有效的教练过程。

上层的人际关系也是基层的重要资源，高层可以解决很多一线管理者无法解决的问题，特别是社会问题。

比如，一个企业要在某个地区建立良好的社会关系，高层出面是最有效的办法。所以高层深入业务一线，必须安排拜访当地的权威人士、宴请当地重要客户，为基层业务单位营造一个良好的经营环境，这就是人际角色最好的价值体现。

8.2 基于数据、会议、计划的持续改进系统

报表体系、会议体系和计划管理体系是运营管理必不可少的运行系统，三者相互联系、相互支撑，既是上下贯通的渠道，又是横向协同的平台，更是战略执行保障的抓手。

高层在市场一线的时间毕竟有限，更多是依靠内部系统来把控全局，也就是快捷的数据系统和高水平的专业化业务分析报告。如果企业的数据不能统一，财务数据与业务数据不一致，必然影响决策水平。对于这种数据不一致的情况，也许有人会说，大的数字是准确的，只在小的数字上有差异，不会影响方向性的判断。事实上影响非常大，易引起无谓争论，影响当事人的情绪，无法培养严谨的思考方式和对数字的敏感度，难以形成用数字说话的经营文化。

一、建设准确、敏捷的财务报表系统

要明确报表的服务对象。管理会计为管理服务，但服务的对象往往只有上级领导，如何**为各级管理人员、为业务一线的将士提供准确、快捷的财务信息服务，**才是管理会计专业价值发展的方向。

像卫星定位服务一样，实时的成本信息、盈余信息可以帮助一线管理者提高市场战术运用的水平。随着对运营计划工作的衡量越来越要求量化，对管理数据需求的数量和质量都会提高，迫切需要企业进行 BI（商业智能）系统的建设。在信息化时代，数据的积累和运用水平的高低，决定了企业运营效率的高低，因此

必须重视数据库的建设。有了统一的共享数据库，就可以开发很多报表，就可以用数字说话，经营管理就从感性上升为理性。

在网络化、信息化的今天，信息平台的建设已经是企业组织系统不可缺少的部分。

另外，对于业务单元，需要了解财务状况和经营成果，财务管理部门就应该为业务单元提供报表服务，在每月月初提供资产负债表和损益表。管理基础好的企业，甚至可能以人为单位来进行核算，测算员工的价值贡献，作为绩效和人才评价的补充。

二、专业分析报告与经营分析

这里的专业分析报告不是指格式严谨、内容详尽的学术文章，而是指体现系统性思考过程的书面文件，通常以 PPT 体现。

提高职能部门的专业分析水平，是专业训练的有效方式。为了提高职能部门的专业水平，可以要求每个职能部门周期性地提交专业分析报告，一方面让主管领导系统地了解业务状况，另一方面为职能部门和业务单位提供结构化的信息。对会议材料的严格要求，管理推进部门可以以清晰、实用为原则设计基本的模板，推广使用，这也是管理提升的一项重要内容。

例如，月度经营会必须将部门和单位的 KPI 指标月度变化以点线图呈现出来，并显示上年曲线、年度目标月度分解曲线及本年实际曲线。如果只是抓好与去年同期比较或与上月比较的数，难以看到全貌。要习惯于建立投入产出的对比关系，将投入的数据与产出的数据放在一起，连续观察其变化情况，才可以不断提高决策水平。

为了推进专业分析水平的提高，公司高层在会议上表现出对会议材料水平的关注是非常必要的，要及时对做得好的部门表扬，并对多次不能提高水平的部门提出批评，要求其重视并向做得好的部门学习。**关注就是压力，只要领导关注专业性报告的质量，下属部门就会做得越来越好**。笔者在青岛啤酒工作的时候，领导很关注 PPT 的表现，因此会议发言人开会前一天晚上都会下足功夫，有的甚至熬通宵。

专业分析报告一定要定期提交，以便主管领导了解整体的经营情况，而职能部门本身也可以进行系统回顾和思考，让运营系统就像时钟一样井然运行。

经营分析是运营管理中不可缺少的一环，与报表、会议组成保证战略落地的纽带。通常，经营分析从三个方面展开：财务分析、专业分析和业务分析，其基本的定位如图 8－1 所示：

	财务分析报告	专题分析报告	业务单位经营分析报告
核心价值	□ 经营风险控制	□ 决策支撑	□ 战略跟踪 □ 策略调整 □ 计划审定
服务对象	□ 决策层 □ 业务单位 □ 相关职能部门	□ 决策层 □ 相关职能部门	□ 业务单位 □ 相关职能部门 □ 决策层
责任主体	□ 财务部	□ 职能部门	□ 业务管理部门 □ 业务单位
分析方法	□ 纵向按损益表层层分析 □ 横向结合业务特点，从组织、产品、区域以及战略重点逐个展开	□ 聚焦问题，全面分析 □ 提出可供决策的解决方案	□ 聚焦个体，系统分析 □ 发现可改进的空间 □ 提出改进方法 □ 确定改进计划
运行方式	□ 周期运行	□ 问题触发	□ 周期运行

图 8－1　经营分析的三个方面

经营分析是企业软实力的表现，与企业的数据积累和职能的专业化能力很有关系，其水平的提高需要一个不断积累的过程。

三、会议的管理

企业中的会议很多，但留下会议记录并形成会议纪要发布的却不是很多，这不利于问题的跟踪，更不用说实现管理的 PDCA 循环了。管理的优化是以不断回顾为前提的，如果连记录和纪要都没有，如何进行回顾呢？会议管理不规范会导致内部沟通不畅，问题久拖不解决、责任追踪不落实，严重影响组织效率。因此，要对开“什么会，如何开”做好规划。

（一）会议规划

需要对公司级会议有统一的规划，将战略会议、运营会议和专题会议做个具体的时间安排，以实现它们之间的相互支撑，并形成公司级的会议地图，让会议的相关方提前做好准备。

战略会议是一系列会议的组合，对于中小型企业，可以把会议设计得简单一些，把年度战略规划会和战略回顾会开好。

一般企业的管理节奏是进行月度计划和回顾，每月召开总经理办公会，处理经营中的日常事务，如果能够将会议围绕战略执行展开，总经理办公会完全可以切换成月度经营会，这样战略落地就有了支撑。如果企业的管理数据采集不能支持，则可以每个季度进行一次系统回顾，召开季度经营分析会，对战略执行的情况进行系统性的回顾和分析，及时调整经营策略。

另一类会议是专题会，是解决专门问题的局部会议，如产销协调会、质量会等，对这类会议召开的频率和参会范围也要固化下来，使其成为有连贯性的协同平台。会议卡片是定义会议的工具，通过明确会议的目的、组织部门、支持部门、主持人和议题，保证会议的质量。表 8 –1 是某集团的公司级会议规划。

表 8－1　某集团的公司级会议规划

凤鸣集团会议地图（例会部分）

会议类别	会议名称	周期	主持人
公司级规划会议	公司年度规划会	年	CEO
	业务单位年度规划会	年	COO
	职能部门年度规划会	年	COO
	公司季度经营分析会	季	COO
公司级运营会议	公司月度运营会	月	COO
	公司营销推广周会	周	COO
	公司产品专题会	月	产品策略部
	公司销售专题会	月	销售策略部
	公司供应链专题会	月	生产中心
	公司人力资源专题会	月	人力资源部
	公司客户体验专题会	月	督察中心
部门级运营会议	中心/部门月度运营会	月	中心/部门责任人
	业务单位运营会	月	业务单位责任人

（二）会议资料的管理

引入会议的专业化管理之后，会议的信息量会非常大，这些信息如何既充分分享又能够恰当保密，是一个需要慎重考虑和妥善处理的问题。由于专业报告中有很多敏感信息，一旦流失，竞争对手就很容易对我方的经营情况有系统的了解，非常危险，因此，必须对会议材料的发放进行分类分级的管理。

首先是设立公司级会议资料保存的专门岗位，对会议资料进行集中保管。

其次是明确资料管理的规则，让各个部门都对资料的持有程度心中有数，杜绝非分之想。

最后是建立资料收发、传送的操作流程。会前，会议资料管理员统一收集会议资料，会后按保密管理的要求对会议资料进行处理，统一按规定发给有关人员。

会议资料的处理经过两个环节，一是制作资料部门领导首先对敏感数据进行处理，二是会议资料管理员再根据保密规定，做成针对不同职位的发放版本。**大体而言，对上级领导可以发给完整版本，对横向的职能部门要删除敏感数据，但应保留资料结构的完整**。对于业务单位，一般只提供与其业务相关的部分。

四、会议决议的落实

要保证会议的有效性，就是要对会议决议进行跟踪和落实。很多企业对会议决议的跟踪落实很头痛，以至于很多问题反反复复，没有得到彻底的解决。

问题在哪里？原因就是基本的运营循环没有建立起来，没有月度运营沟通机制。

以下三个层面的运行机制必不可少：

（1）**将公司级会议决议事项落实到部门的运营计划中**。对公司级会议的决议事项，公司运营管理岗要进行跟踪、检查，确保公司级会议的决议事项被纳入职能部门和业务单位的月度运营计划当中。

（2）**跟踪公司级运营计划内容实施**。在职能层面，也应建立职能运营沟通机制，由运营管理岗位所在部门组织召开职能运营会，以运营计划内容为主线进行回顾、跟踪、协同，并形成公司级运营计划执行情况的专题报告，提交公司相关领导。

（3）**建立职能/单位内部的月度回顾机制**。职能部门和业务单位要建立本部门/单位的月度运营计划运行机制，即每月定时对上月管理指标回顾，对月度计划内容执行情况进行评价，并发现存在问题，找出改进办法，制订改进措施并纳入本月的运营计划进行管理。

8.3 用战略时钟固化战略管理节奏

时钟管理是一个有效的协同工具，每一级业务组织、每一个管理职能都要制订年度管理时钟并发布出来，以便上下级、上下游做好协同。

图 8－2 是某啤酒公司下属子公司的年度战略管理时钟，其保证了重大战略事项与公司重大事项的对接。

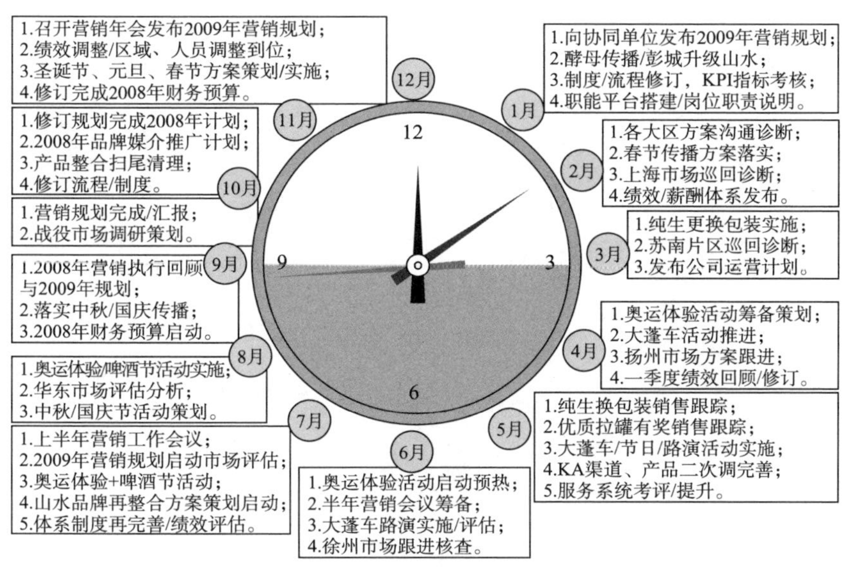

图 8－2　某啤酒公司下属子公司的年度战略管理时钟

博瑞森图书分类导读图＋书目

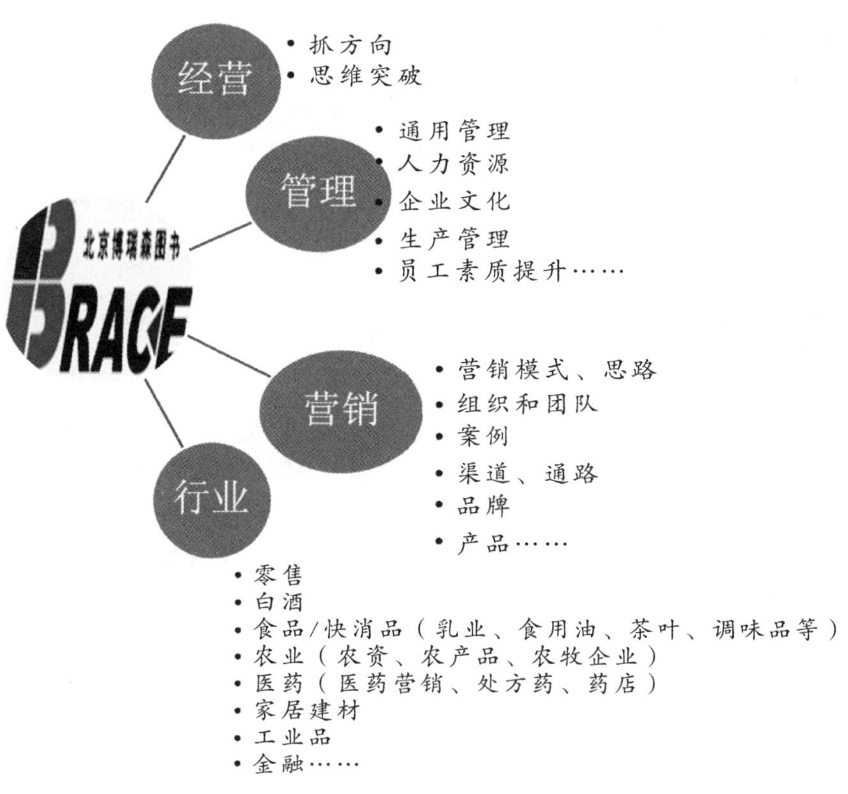

更多实战好书，请关注**“博瑞森管理图书网”**

BRACE http://www.bracebook.com.cn

（网站二维码）

行业类：零售、白酒、食品/快消品、农业、医药、建材家居			
	书名．作者	内容/特色	读者价值
零售·餐饮	涨价也能卖到翻 村松达夫 【日】	提升客单价的 15 种实用、有效的方法	日本企业在这方面非常值得学习和借鉴
	1. 总部有多强大，门店就能走多远 2. 超市卖场定价策略与品类管理 3. 连锁零售企业招聘与培训破解之道 4. 中国首家未来超市：解密安徽乐城 IBMG 国际商业管理集团 著	国内外标杆企业的经验 + 本土实践量化数据 + 操作步骤、方法	通俗易懂，行业经验丰富，宝贵的行业量化数据，关键思路和步骤
	零售：把客流变成购买力 丁 昀 著	如何通过不断升级产品和体验式服务来经营客流	如何进行体验营销，国外的好经营，这方面有启发
	餐饮企业经营策略第一书 吴 坚 著	分别从产品、顾客、市场、盈利模式等几个方面，对现阶段餐饮企业的发展提出策略和思路	第一本专业的、高端的餐饮企业经营指导书
白酒	变局下的白酒企业重构 杨永华 郭 旭 著	帮助白酒企业从产业视角看清趋势，找准位置，实现弯道超车的书	行业内企业要减少 90%，自己在什么位置，怎么做，都清楚了
	1. 白酒营销的第一本书 2. 白酒经销商的第一本书 唐江华 著	华泽集团湖南开口笑公司品牌部长，擅长酒类新品推广、新市场拓展	扎根一线，实战
	区域型白酒企业营销必胜法则 朱志明 著	为区域型白酒企业提供 35 条必胜法则，在竞争中赢销的葵花宝典	丰富的一线经验和深厚积累，实操实用
	10 步成功运作白酒区域市场 朱志明 著	白酒区域操盘者必备，掌握区域市场运作的战略、战术、兵法	在区域市场的攻伐防守中运筹帷幄，立于不败之地
	酒业转型大时代：微酒精选 2014－2015 微酒 主编	本书分为五个部分：当年大事件、那些酒业营销工具、微酒独立策划、业内大调查和十大经典案例	了解行业新动态、新观点，学习营销方法
快消品·食品	乳业营销第一书 侯军伟 著	对区域乳品企业生存发展关键性问题的梳理	唯一的区域乳业营销书，区域乳品企业一定要看
	食用油营销第一书 余 盛 著	10 多年油脂企业工作经验，从行业到具体实操	食用油行业第一书，当之无愧
	中国茶叶营销第一书 柏 龑 著	如何跳出茶行业“大文化小产业”的困境，作者给出了自己的观察和思考	不是传统做茶的思路，而是现在商业做茶的思路
	变局下的快消品营销实战策略 杨永华 著	通胀了，成本增加，如何从被动应战变成主动的“系统战”	作者对快消品行业非常熟悉、非常实战
	调味品营销第一书 陈小龙 著	国内唯一一本调味品营销的书	唯一的调味品营销的书，调味品的从业者一定要看
	快消品营销：一位销售经理的工作心得 2 蒋 军 著	快消品、食品饮料营销的经验之谈，重点突出	来源于实战的精华总结
	快消品营销与渠道管理 谭长春 著	将快消品标杆企业渠道管理的经验和方法分享出来	可口可乐、华润的一些具体的渠道管理经验，实战
	成为优秀的快消品区域经理 伯建新 著	37 个“怎么办”分析区域经理的工作关键点	可以作为区域经理的‘速成催化器’
	销售轨迹：一位快消品营销总监的拼搏之路 秦国伟 著	本书讲述了一个普通销售员打拼成为跨国企业营销总监的真实奋斗历程	激励人心，给广大销售员以力量和鼓舞
	快消品经销商如何快速做大 杨永华 著	本书完全从实战的角度，评述现象，解析误区，揭示原理，传授方法	为转型期的经销商提供了解决思路，指出了发展方向
	快消品营销人的第一本书：从入门到精通 刘 雷 伯建新 著	快消行业必读书，从入门到专业	深入细致，易学易懂
农业	农资营销实战全指导 张 博 著	农资如何向“深度营销”转型，从理论到实践进行系统剖析，经验资深	朴实、使用！不可多得的农资营销实战指导
	农产品营销第一书 胡浪球 著	从农业企业战略到市场开拓、营销、品牌、模式等	来源于实践中的思考，有启发
	变局下的农牧企业 9 大成长策略 彭志雄 著	食品安全、纵向延伸、横向联合、品牌建设……	唯一的农牧企业经营实操的书，农牧企业一定要看

续表

医药	**新医改下医药营销与团队管理** 史立臣　著	探讨新医改对医药行业的系列影响和医药团队管理	帮助理清思路,有一个框架
	医药营销与处方药学术推广 马宝琳　著	如何用医学策划把"平民产品"变成"明星产品"	有真货、讲真话的作者,堪称处方药营销的经典!
	新医改了,药店就要这样开 尚　锋　著	药店经营、管理、营销全攻略	有很强的实战性和可操作性
	OTC 医药代表药店开发与维护 鄢圣安　著	要做到一名专业的医药代表,需要做什么、准备什么、知识储备、操作技巧等	医药代表药店拜访的指导手册,手把手教你快速上手
建材家居	**建材家居营销实务** 程绍珊　杨鸿贵　主编	价值营销运用到建材家居,每一步都让客户增值	有自己的系统、实战
	建材家居门店销量提升 贾同领　著	店面选址、广告投放、推广助销、空间布局、生动展示、店面运营等	门店销量提升是一个系统工程,非常系统、实战
	10 步成为最棒的建材家居门店店长 徐伟泽　著	实际方法易学易用,让员工能够迅速成长,成为独当一面的好店长	只要坚持这样干,一定能成为好店长
	手把手帮建材家居导购业绩倍增:成为顶尖的门店店员 熊亚柱　著	生动的表现形式,让普通人也能成为优秀的导购员,让门店业绩长红	读着有趣,用着简单,一本在手、业绩无忧
工业品	**解决方案营销实战案例** 刘祖轲　著	用 10 个真案例讲明白什么是工业品的解决方案式营销,实战、实用	有干货、真正操作过的才能写得出来
	变局下的工业品企业 7 大机遇 叶敦明　著	产业链条的整合机会、盈利模式的复制机会、营销红利的机会、工业服务商转型机会……	工业品企业还可以这样做,思维大突破
	工业品市场部实战全指导 杜　忠　著	工业品市场部经理工作内容全指导	系统、全面、有理论、有方法,帮助工业品市场部经理更快提升专业能力
金融	**交易心理分析** (美)马克·道格拉斯　著 刘真如　译	作者一语道破赢家的思考方式,并提供了具体的训练方法	不论你是初入股市的新手,或是股票买卖的老手,如果你想在股市中持续一贯地获利,你都应该读一读这本关于股票交易心理学的书,它会让你超脱输家轮回、晋身市场赢家
	精品银行管理之道 崔海鹏　何屹　主编	中小银行转型的实战经验总结	中小银行的教材很多,实战类的书很少,可以看看
	支付战争 Eric M. Jackson 著 徐　彬　王　晓　译	paypal 创业期营销官根据自己的亲身经历,讲述 paypal 从诞生到壮大到成功出售的整个历史过程	激烈、有趣的内幕商战故事! 了解美国支付市场的风云巨变
服装	**赚不赚钱靠店长:从懂管理到会经营** 孙彩军　著	通过生动的案例来进行剖析,注重门店管理细节方面的能力提升	帮助终端门店店长在管理门店的过程中实现经营思路的拓展与突破
汽车	**汽车配件这样卖:汽车后市场销售秘诀 100 条** 俞士耀　著	汽配销售业务员必读,手把手教授最实用有用的方法,轻松得来好业绩	快速上岗,专业实效,业绩无忧

经营类:企业如何赚钱,如何抓机会,如何突破,如何"开源"

	书名. 作者	内容/特色	读者价值
抓方向	**让经营回归简单. 升级版** 宋新宇　著	化繁为简抓住经营本质:战略、客户、产品、员工、成长	经典,做企业就这几个关键点!
	公司由小到大要过哪些坎 卢　强　著	老板手里的一张"企业成长路线图"	现在我在哪儿,未来还要走哪些路,都清楚了
	企业二次创业成功路线图 夏惊鸣　著	企业曾经抓住机会成功了,但下一步该怎么办?	企业怎样获得第二次成功,心里有个大框架了
	老板经理人双赢之道 陈　明　著	经理人怎养选平台、怎么开局,老板怎样选/育/用/留	老板生闷气,经理人牢骚大,这次知道该怎么办了
	企业文化的逻辑 王祥伍　黄健江　著	为什么企业绩效如此不同,解开绩效背后的文化密码	少有的深刻,有品质,读起来很流畅
	使命驱动企业成长 高可为　著	钱能让一个人今天努力,使命能让一群人长期努力	对于想做事业的人,'使命'是绕不过去的
	公司大了怎么管:从靠英雄到靠组织 金国华　著	第一次详尽阐释中国快速成长型企业的特点、问题及解决之道	帮助快速成长型企业领导及管理团队理清思路,突破瓶颈

续表

<table>
<tr><td rowspan="5">思维突破</td><td>跳出同质思维,从跟随到领先
郭 剑 著</td><td>66 个精彩案例剖析,帮助老板突破行业长期思维惯性</td><td>做企业竟然有这么多玩法,开眼界</td></tr>
<tr><td>7 个转变,让公司 3 年胜出
李 蓓 著</td><td>消费者主权时代,企业该怎么办</td><td>这就是互联网思维,老板有能这样想,肯定倒不了</td></tr>
<tr><td>麻烦就是需求　难题就是商机
卢根鑫 著</td><td>如何借助客户的眼睛发现商机</td><td>什么是真商机,怎么判断、怎么抓,有借鉴</td></tr>
<tr><td>重生战略:移动互联网和大数据时代的转型法则
沈 拓 著</td><td>在移动互联网和大数据时代,传统企业转型如同生命体打碎与再造,称之为“重生战略”</td><td>帮助企业认清移动互联网环境下的变化和应对之道</td></tr>
<tr><td>清零:用互联网思维重塑产品、客户与价值
李 蓓 著</td><td>本书阐述了传统企业在互联网思维下的战略转型之路:重新定义产品——重新寻找客户——重新发现价值</td><td>利用互联网思维结合自己已有的竞争优势,你也可以创建一个有着无限成长空间的新企业</td></tr>
<tr><td colspan="4">管理类:效率如何提升,如何实现经营目标,如何“节流”</td></tr>
<tr><td></td><td>书名．作者</td><td>内容/特色</td><td>读者价值</td></tr>
<tr><td rowspan="8">通用管理</td><td>1. 让管理回归简单．升级版
2. 让经营回归简单．升级版
3. 让用人回归简单
宋新宇 著</td><td>宋博士的“简单”三部曲,影响 20 万读者,非常经典</td><td>被读者热情地称作“中小企业的管理圣经”</td></tr>
<tr><td>边干边学做老板
黄中强 著</td><td>创业 20 多年的老板,有经验、能写、又愿意分享,这样的书很少</td><td>处处共鸣,帮助中小企业老板少走弯路</td></tr>
<tr><td>阿米巴经营的中国模式
李志华 著</td><td>让员工从“要我干”到“我要干”,价值量化出来</td><td>阿米巴在企业如何落地,明白思路了</td></tr>
<tr><td>欧博心法:好管理靠修行
曾 伟 著</td><td>用佛家的智慧,深刻剖析管理问题,见解独到</td><td>如果真的有‘中国式管理’,曾老师是其中标志性人物</td></tr>
<tr><td>1. 用流程解放管理者
2. 用流程解放管理者 2
张国祥 著</td><td>中小企业阅读的流程管理、企业规范化的书</td><td>通俗易懂,理论和实践的结合恰到好</td></tr>
<tr><td>跟我们学建流程体系
陈立云 著</td><td>畅销书《跟我们学做流程管理》系列,更实操,更细致,更深入</td><td>更多地分享实践,分享感悟,分享从实践总结出来的方法论</td></tr>
<tr><td>低效会议怎么改:每年节省一半会议成本的秘密
王玉荣 著</td><td>教你如何系统规划公司的各级会议,一本工具书</td><td>教会你科学管理会议的办法</td></tr>
<tr><td>年初订计划,年尾有结果:战略落地七步成诗
郭晓 著</td><td>7 个步骤教会你怎么让公司制定的战略转变为行动</td><td>系统规划,有效指导计划实现</td></tr>
<tr><td rowspan="8">人力资源</td><td>回归本源看绩效
孙 波 著</td><td>让绩效回顾“改进工具”的本源,真正为企业所用</td><td>确实是来源于实践的思考,有共鸣</td></tr>
<tr><td>曹子祥教你做绩效管理
曹子祥 著</td><td>复杂的理论通俗化,专业的知识简单化,企业绩效管理共性问题的解决方案</td><td>轻松掌握绩效管理</td></tr>
<tr><td>把招聘做到极致
远 鸣 著</td><td>作为世界 500 强高级招聘经理,作者数十年招聘经验的总结分享</td><td>带来职场思考境界的提升和具体招聘方法的学习</td></tr>
<tr><td>走出薪酬管理误区
全怀周 著</td><td>剖析薪酬管理的 8 大误区,真正发挥好枢纽作用</td><td>值得企业深读的实用教案</td></tr>
<tr><td>集团化人力资源管理实践
李小勇 著</td><td>对搭建集团化的企业很有帮助,务实,实用</td><td>最大的亮点不是理论,而是结合实际的深入剖析</td></tr>
<tr><td>人才评价中心．超级漫画版
邢 雷 著</td><td>专业的主题,漫画的形式,只此一本</td><td>没想到一本专业的书,能写成这效果</td></tr>
<tr><td>我的人力资源咨询笔记
张 伟 著</td><td>管理咨询师的视角,思考企业的 HR 管理</td><td>通过咨询师的眼睛对比很多企业,有启发</td></tr>
<tr><td>本土化人力资源管理 8 大思维
周 剑 著</td><td>成熟 HR 理论,在本土中小企业实践中的探索和思考</td><td>对企业的现实困境有真切体会,有启发</td></tr>
</table>

续表

企业文化	**华夏基石方法:企业文化落地本土实践** 王祥伍　谭俊峰　著	十年积累、原创方法、一线资料,和盘托出	在文化落地方面真正有洞察,有实操价值的书
	企业文化的逻辑 王祥伍　著	为什么企业之间如此不同,解开绩效背后的文化密码	少有的深刻,有品质,读起来很流畅
	企业文化激活沟通 宋杼宸　安琪　著	透过新任 HR 总经理的眼睛,揭示出沟通与企业文化的关系	有实际指导作用的文化落地读本
生产管理	**高员工流失率下的精益生产** 余伟辉　著	中国的精益生产必须面对和解决高员工流失率问题	确实来源于本土的工厂车间,很务实
	车间人员管理那些事儿 岑立聪　著	车间人员管理中处理各种"疑难杂症"的经验和方法	基层车间管理者最闹心、头疼的事,'打包'解决
	1. 欧博心法:好管理靠修行 **2. 欧博心法:好工厂这样管** 曾　伟　著	他是本土最大的制造业管理咨询机构创始人,他从 400 多个项目、上万家企业实践中锤炼出的欧博心法	中小制造型企业,一定会有很强的共鸣
生产管理	**欧博工厂案例 1:生产计划管控对话录** **欧博工厂案例 2:品质技术改善对话录** **欧博工厂案例 3:员工执行力提升对话录** 曾　伟　著	最典型的问题、最详尽的解析,工厂管理 9 大问题 27 个经典案例	没想到说得这么细,超出想象,案例很典型,照搬都可以了
	苦中得乐:管理者的第一堂必修课 曾　伟　编著	曾伟与师傅大愿法师的对话,佛学与管理实践的碰撞,管理禅的修行之道	改善心境,提升境界,从容做管理
员工素质提升	**跟老板"偷师"学创业** 吴江萍　余晓雷　著	边学边干,边观察边成长,你也可以当老板	不同于其他类型的创业书,让你在工作中积累创业经验,一举成功
	销售轨迹:一位快消品营销总监的拼搏之路 秦国伟　著	本书讲述了一个普通销售员打拼成为跨国企业营销总监的真实奋斗历程	激励人心,给广大销售员以力量和鼓舞
	在组织中绽放自我:从专业化到职业化 朱仁健　王祥伍　著	个人如何融入组织,组织如何助力个人成长	帮助企业员工快速认同并投入到组织中去,为企业发展贡献力量
	企业员工弟子规:用心做小事,成就大事业 贾同领　著	从传统文化《弟子规》中学习企业中为人处事的办法,从自身做起	点滴小事,修养自身,从自身的改善得到事业的提升
营销类:把客户需求融入企业各环节,提供"客户认为"有价值的东西			
	书名．作者	内容/特色	读者价值
营销模式	**变局下的营销模式升级** 程绍珊　叶宁　著	客户驱动模式、技术驱动模式、资源驱动模式	很多行业的营销模式被颠覆,调整的思路有了!
	卖轮子 科克斯　【美】	小说版的营销学!营销核心理念巧妙贯穿其中,贵在既有趣,又有深度	经典、有趣!一个故事读懂营销精髓
	弱势品牌如何做营销 李政权　著	中小企业虽有品牌但没名气,营销照样能做的有声有色	没有丰富的实操经验,写不出这么具体、详实的案例和步骤,很有启发
	老板如何管营销 史贤龙　著	不要认为营销就是 4 个 P、C、R 的概念游戏,揭开营销智慧助力企业成功的内在奥秘	高段位营销 16 招,好学好用,老板能看,营销人也能看
	动销:产品是如何畅销起来的 吴江萍　余晓雷　著	真真切切告诉你,产品究竟怎么才能卖出去!突破产品滞销困局的实战宝典	击中痛点,提供方法,你值得拥有

续表

组织和团队	**升级你的营销组织** 程绍珊　吴越舟　著	用"有机性"的营销组织力替代"营销能人",把营销团队变成"铁营盘"	营销队伍最难管,程老师不愧是营销第1操盘手,步骤、方法都很成熟
	用数字解放营销人 黄润霖　著	通过量化帮助营销人员提高工作效率	作者很用心,很好的常备工具书
	成为优秀的快消品区域经理 伯建新　著	37个"怎么办"分析区域经理的工作关键点	可以作为区域经理的'速成催化器'
	一位销售经理的工作心得 蒋　军　著	一线营销管理人员想提升业绩却无从下手时,可以看看这本书	一线的真实感悟
	快消品营销:一位销售经理的工作心得2 蒋　军　著	快消品、食品饮料营销的经验之谈,重点突出	来源于实战的精华总结
	销售轨迹:一位快消品营销总监的拼搏之路 秦国伟　著	本书讲述了一个普通销售员打拼成为跨国企业营销总监的真实奋斗历程	激励人心,给广大销售员以力量和鼓舞
	用靠谱的营销计划锁定胜局:用数字解放营销人2 黄润霖　著	全方位教你怎么做好营销计划,好学好用真简单	照搬套用就行,做营销计划再也不头痛
案例	**解决方案营销实战案例** 刘祖轲　著	用10个真案例讲明白什么是工业品的解决方案式营销,实战、实用	有干货、真正操作过的才能写得出来
	我们的营销真案例 联纵智达研究院　著	五芳斋粽子从区域到全国/诺贝尔瓷砖门店销量提升/利豪家具出口转内销/汤臣倍健的营销模式/娃哈哈联销体	选择的案例都很有代表性,实在、实操!
	招招见销量的营销常识 刘文新　著	如何让每一个营销动作都直指销量	适合中小企业,看了就能用
	中国首家未来超市:解密安徽乐城 IBMG国际商业管理集团　著	零售企业的未来在哪里?本书深入挖掘了安徽乐城超市的试验案例,为零售企业未来的发展提供了一条可借鉴之路	通俗易懂,行业经验丰富,宝贵的行业量化数据,关键思路和步骤
	中国营销战实录:令人拍案叫绝的营销真案例 联纵智达　著	51个案例,42家企业,38万字,18年,累计2000余人次参与……	最真实的营销案例,全是一线记录,开阔眼界
产品	**产品炼金术Ⅰ:如何打造畅销产品** 史贤龙　著	满足不同阶段、不同体量、不同行业企业对产品的完整需求	必须具备的思维和方法,避免在产品问题上走弯路
	产品炼金术Ⅱ:如何用产品驱动企业成长 史贤龙　著	做好产品、关注产品的品质,就是企业成功的第一步	必须具备的思维和方法,避免在产品问题上走弯路
	新产品开发管理,就用IPD 郭富才　著	10年IPD研发管理咨询总结,国内首部IPD专业著作	一本书掌握IPD管理精髓
品牌	**中小企业如何建品牌** 梁小平　著	中小企业建品牌的入门读本,通俗、易懂	对建品牌有了一个整体框架
	采纳方法:破解本土营销8大难题 朱玉童　编著	全面、系统、案例丰富、图文并茂	希望在品牌营销方面有所突破的人,应该看看
	中国品牌营销十三战法 朱玉童　编著	总结归纳了采纳20年来的品牌策划方式方法,并将其总结提炼成了13条战法,同时配有大量的案例	众包方式写作,丰富案例给人启发,极具价值
渠道通路	**快消品营销与渠道管理** 谭长春　著	将快消品标杆企业渠道管理的经验和方法分享出来	可口可乐、华润的一些具体的渠道管理经验,实战
	传统行业如何用网络拿订单 张　进　著	给老板看的第一本网络营销书	适合不懂网络技术的经营决策者看
	采纳方法:化解渠道冲突 朱玉童　编著	系统剖析渠道冲突,21个最新的渠道冲突案例、情景式讲解,37篇专题讲义	系统、全面
	学话术 卖产品 张小虎　著	分析常见的顾客异议,提出破解方案,将复杂的销售程序化,将优秀的话术模块化	让普通导购员也能成为销售精英

AMT 出版图书概况

书名	作者	内容简介
突破成长的困境	AMT 研究院	通过对美的、万科、李宁、华为等数十家行业标杆企业管理实践的提炼，融合了数位行业专家和相关领域学者的精辟见解，旨在用简明实用的语言帮助读者描绘出企业持续增长的行动蓝图。
流程革命 2.0	王玉荣、葛新红	创造性地告诉您一个让战略落地的流程管理，将流程管理和战略管理融为一体，使流程管理有了灵魂，让战略管理有了保障。
跟我们做流程管理	陈立云、金国华	全书围绕流程管理 PDCA 环展开，思路清晰，也便于读者理解。
图说流程管理	金国华、谢林君	力图通过“图片 + 简单文字描述 + 案例”的形式向企业解释到底流程的价值是什么。
跟我们做知识管理	葛新红、黄斯涵	结合 AMT 咨询服务过程中碰到的各客户在知识管理方面的问题和困惑，从理论篇和实践篇两个方面展开。
用数据决策——构建企业经营分析体系	王君、葛新红	系统介绍了构建企业经营分析体系的五步法，从指标——报表——数据，结合分析决策会议，并落实到 BI 实现。
别让会议控制你	王玉荣、王君	从如何开好单一会议到如何结合企业运营节拍，规划设计和谐的会议体系，给出了详细的方法工具
简单思考	孔祥云	一家专业服务公司（AMT）的 CEO 创业历程中点点滴滴的经验与思考。
创业学绝味	郭宇宽	郭宇宽博士用两年多时间，对绝味进行跟踪调研，对绝味成功的经验进行提炼。

AMT 简介

AMT(上海企源科技股份有限公司)创立于1998年,是中国领先的“管理+IT”咨询服务机构,提供卓有成效的管理咨询、信息技术和外包服务。

AMT将自身定位于“客户变革推进者的伙伴”,通过从管理到IT的综合持续服务,帮助企业与政府实现价值落地。面向客户战略落地难的问题,AMT提供“企业战略执行保障体系(SISS)”的全面服务;面向快速成长型企业可持续发展难的问题,AMT提供从战略梳理、机制优化、管理体系构建、IT支撑到业务突破的五步加速成长法(5A)的全面服务;我们面对客户的不同问题,始终坚持“专业实用,为您着想”的服务理念,提供简单易行、可落实、可见效的解决方案。

AMT总部设立在上海,我们的服务力量遍布在北京、广州、深圳、杭州、苏州、无锡、郑州、成都、重庆、长沙等十余个城市,是中国目前最具规模之一的综合型咨询服务机构。

AMT目前已为进入中国500强的40%的企业提供过服务。客户总量2000余家,70%的客户与AMT建立起了长期合作关系。

AMT坚持十余年创办了国内最有影响力的管理者互动网络平台:畅享网;我们出版了超过60本管理与信息化丛书;每月发行超过3万册《AMT前沿论丛》,这一切都深深的影响并引领着中国企业管理者不断前行与探索的步伐。

了解AMT能够为您提供哪些“专业实用、为您着想”的服务?请登录www.amt.com.cn或致电400-881-2881了解详情。